İnsan ilişkilerinde doğru iletişim için…

Renklerle İnsanları Tanıma Kılavuzu

Oğuz Saygın

Renklerle İnsanları Tanıma Kılavuzu
Oğuz Saygın

Genel Yayın Yönetmeni
Kamuran Güneri

Editör
Gürbüz Ünal

İç Tasarım
Ahmet Yanar

Kapak Tasarım
Ahmet Yanar

Baskı-Cilt
Özener Matbaacılık
Davutpaşa Cad. Kale İş Merkezi
No: 201-204 Zeytinburnu/İst.
Tel: +90 212 481 97 88

ISBN 978-605-4044-80-1

İstanbul, 2014

KARMA KİTAPLAR
Sertifika No: 16295
Güneşli Evren Mh. Ceylan Sk. No: 34/C Bağcılar/İst.
Tel: +90 212 445 15 40 Faks: +90 212 446 35 60
www. karmakitaplar.com / iletisim@karmakitaplar.com
karmakitaplar.as@gmail.com

© Bu eserin her hakkı saklıdır. Yayınevinin izni olmadan kopyalanamaz ve çoğaltılamaz.

İÇİNDEKİLER

Önsöz 5

I. BÖLÜM
FARKLI KİŞİLİKLERİ TANIMAK VE ETKİLİ İLETİŞİM 9

II. BÖLÜM
TEST UYGULAMASI 17

III. BÖLÜM
4 FARKLI KİŞİLİK 25

IV. BÖLÜM 31
4 FARKLI KİŞİLİĞİN ÖZELLİKLERİ 33
Sarı Kişilik 35
Mavi Kişilik 63
Kırmızı Kişilik 83
Yeşil Kişilik 103

V. BÖLÜM
KİŞİLİKLERİN KARIŞIMI 135

VI. BÖLÜM
FARKLI KİŞİLİKLERİN MOTİVASYONU 157
Kırmızılar 158
Maviler 160
Sarılar 163
Yeşiller 165

VII. BÖLÜM
KİŞİLİKLERLE UYUMLAR 171
Sarıların Diğerleriyle Uyumu 171
Mavilerin Diğerleriyle Uyumu 174
Kırmızıların Diğerleriyle Uyumu 176
Yeşillerin Diğerleriyle Uyumu 178

VIII. BÖLÜM
FARKLI KİŞİLİKLERE TAVSİYELER VE ETKİLİ İLETİŞİM
METOTLARI 183
Sandviç Metodu 183
Üç Sandalye Metodu 187
Tekniğin Uygulanması 187
Farklı Kişiliklere Öneriler 190
Sarılara Tavsiyeler 190
Mavilere Tavsiyeler 192
Kırmızılara Tavsiyeler 193
Yeşillere Tavsiyeler 194

SON SÖZ 197

KAYNAKÇA 199

Önsöz

Üniversiteyi bitirip diplomayı almanın ilk heyecanı geçince kendi kendimi sorgulamıştım: Eğitim hayatım boyunca, ben bu hayatta başarılı olmak için neler öğrenmiştim?

Okuduğum bilim dalı iktisat olmasına rağmen bir bakkalın defterini tutacak kadar bile iktisat bilgisine sahip değildim. Çünkü defterlerin arasına gömülmekten hoşlanmıyordum.

İnsan ilişkileri rakamlardan daha çok ilgimi çekiyordu, iktisat dersini insan ilişkileri dersi gibi anlatan iktisat hocamın anlattıkları dışında hiçbir dersin içeriği aklımda yoktu. Hocalarımdan sadece çizdikleri siyah tablolar ve yaptıkları eleştiriler kalmıştı.

İnsani ilişkiler konusunda, ilkokulda, fazla girişken olmam sebebiyle işittiğim azarları hatırlıyorum. O yıllarda fazla girişken olmayı azar işitmekle çağrıştırır olmuştum.

Ortaokulda ise en sevdiğim ders Türkçe idi. Çünkü hocamız Muharrem Tekdal her dersin yarısında bizlere kişisel gelişim dersi verir ve o zamanın tek kişisel gelişim kitabı olan Dale Carnegie'nin "Söz Söyleme ve İş Başarma Sanatı" adlı kitabını okurdu. İnsan ilişkilerinin önemini ilk defa o zaman anlamıştım.

Lise yıllarında, öğretmenlerin bize fıkralar anlatarak ders vermelerinden, bizlerle futbol maçı oynamalarına kadar birçok şey hakkında aklıma hep eğlenceli fikirler gelirdi. Her şeyin çok doğal ve eğlenceli olmasını istiyordum. Arkadaşlarımı, hocalarımı ve ailemi sürekli incelerdim. Bir işin doğru-düzgün yapılması için bazılarının verdiği önemi gördükçe hep şaşırırdım. Rahmetli babamın en ufak bir şeye niçin o kadar çok sinirlendiğini anlayamaz, anneminse son derece sakin, soğukkanlı ve sevecen tavırlarını gördükçe insanların neden bu kadar farklı olduklarını sorgular dururdum.

Nişanlılık döneminde eşimin en çok beğendiğim özelliği, derli toplu ve düzenli olmasıydı. Bende olmayan birçok özellik onda vardı. Bazı özelliklerimiz, onunla oldukça farklıydı. Örneğin evlendikten sonra mutfak lavabosunda ellerimi yıkamama neden tepki verdiğini hiç anlayamamıştım. Kafasına koyduğu her şeyi başaran oğlum Ekrem'in zorla başlattığım masa tenisi sporunda İstanbul Şampiyonu olduktan sonra bu sporu bırakmasını da hiç anlayamamıştım. Oğlum Ekrem'in bulunduğu her toplumda kontrolü elinde tutmak istemesine rağmen, kızım Merve'nin kontrolü eline almak gibi bir kaygısının olmaması, sadece huzurlu bir ortam istemesi de bana ilginç geliyordu.

İnsan kişilikleri üzerinde düşünmeye ve bunları incelemeye başladığımda eşimin, kızımın, oğlumun ve benim yani dördümüzün de ayrı kişilik özelliklerine sahip olduğumuzu keşfettim. Önceleri aile fertlerini anlamaya çalışmakla sınırlı olan bu çabamı, daha sonra genel insan ilişkilerinde de uygulamaya başladığımı fark ettim. Onların ve iletişimde bulunduğum diğer insanların kişilik özelliklerini öğrendikçe ilişkilerimiz daha samimi ve daha başarılı olmaya başlamıştı. **Kaliteli iletişim** kurmanın yolu, dört farklı kişiliği tanımaktan geçiyordu. Bu kişilikleri tanıdıkça ve bu bilgilerden yararlandıkça deneyimlerimi ve gözlemlerimi daha sistematik bir hale getirmeye karar verdim ve elinizdeki bu kitap ortaya çıktı.

Hepinize sağlıklı, başarılı iletişimler diliyorum.

I. BÖLÜM

- TANIM
  - FARKLI KİŞİLİKLERİ TANIMAK
  - ETKİLİ İLETİŞİM

RENKLERLE İNSANLARI TANIMA

FARKLI KİŞİLİKLERİ TANIMAK VE ETKİLİ İLETİŞİM

Gerek iş hayatında, gerek özel hayatımızda, hatta kendimizle olan iletişimimizde **mutluluk** büyük ölçüde iyi ilişkiler kurabilme yeteneğimize bağlıdır.

Herkes çok iyi bir iletişim ustası olamasa da en azından çevresiyle olan ilişkilerinde, bazı bilgileri öğrenerek, iletişimde çatışmalar yaşamadan, hayatını "mutlu" bir şekilde sürdürebilir.

İnsanlar arasındaki sürtüşmeler, genellikle kişiler arasındaki farklılıklardan kaynaklanmaktadır.

İnsanların kendi kişiliklerini daha iyi tanıyıp anlamaları ve etraflarındaki bireylerle iyi iletişimde bulunmaları sonucunda toplum, maddi ve manevi anlamda pozitif değerler kazanacaktır.

Unutmayalım ki toplum, bir zincire benzer. Bir zincir, halkasının en zayıf olduğu yerden kopar. Zincirin kopmaması için onu oluşturan her halkanın sapasağlam, güçlü ve mükemmel olması gerekir.

Bugüne kadar binlerce kişiye ve aileye danışmanlık yaptım, Türkiye'nin birçok yerinde ve yurt dışında seminerler verdim. Bu eğitimlerde gördüm ki insanlar en çok kişilik farklılıklarını bilmemekten dolayı iletişim problemleri yaşıyorlar. Bu kitabımı yazmamdaki amacım ise sizlerin bu farklılıkları aleyhinize değil, lehinize döndürebileceğinize inanmamdan ileri geliyor. Sizler de bu bilgilerden sonra  insan kişiliklerini daha iyi anlayarak öncelikle kendinizi, sonra da çevrenizdekileri tanımış olacaksınız. Bu farklılıkları fark etmenizle iletişimde sık sık yaptığınız hataları yapmayacak ve iletişim problemlerinizi çözeceksiniz. Bu kitapta, yaşadıklarımı yazdığım gerçek örneklerden de anlaşılacağı gibi bu farklılıklarla; evimizde, işimizde, sosyal hayatımızda, kısacası hayatımızın her anında karşılaşıyoruz. İyi bir iletişimin temelinde, bu kişilik farklılıklarının farkında olmak yatıyor.

30 yıllık eğitim hayatımda edindiğim bilgilerin ışığında kişiliklerle ilgili olarak şunları rahatlıkla ifade edebilirim:

Bu kitabın ilerleyen bölümlerinde ayrıntılı olarak ele alacağım 4 farklı kişilik türünün hiçbiri diğerinden ne daha iyi, ne daha kötüdür; her birinin güçlü ve zayıf yönleri vardır. Önemli olan, iletişim sürecinde bu farklılıkların bilincinde olmaktır.

◆ İnsanlara huzur veren ve herkesin yardımına koşan barışçıl sevecen insanlar bazen bu yüzden kendi işlerini aksatabilirler.

◆ Çevrelerine neşe saçan bazı insanlar bu tavırlarını abartırlarsa itici olabilirler.

◈ Bazı insanlar büyük bir enerjiye sahiptirler. Kafalarına koydukları her işi başarabilirler. Ancak bunu yaparken etraflarındaki birçok insanı da incitebilirler.

◈ Bazı insanların en güçlü yönü ise planlı ve programlı olmalarıdır. Her şeyi kusursuz yapmaya çalışan bu insanların katı kuralları çevrelerindeki insanları zaman zaman sıkabilir.

Yukarıdaki yaklaşım farklılıkları, aslında 4 farklı kişiliğin hayata karşı farklı tutumlarını dile getirmektedir. İnsanlarda bu kişiliklerin her birinden az ya da çok bulunmasına rağmen her insanın çalışma tarzını etkileyen esas bir kişiliği vardır. Bu dört kişilik türünün hepsi de bizde mevcuttur. Ama bunlardan birisi, davranışlarımızı ve yaptığımız işi en çok etkileyen baskın kişiliğimizdir.

> *Yaklaşım farklılıkları, aslında 4 farklı kişiliğin hayata karşı farklı tutumlarını dile getirmektedir. İnsanlarda bu kişiliklerin her birinden az ya da çok bulunmasına rağmen her insanın çalışma tarzını etkileyen esas bir kişiliği vardır.*

Kişiliklerin Dağılımı

Bu konuda verdiğim seminerlerimde, önce dört farklı kişiliğin özelliklerini anlatarak bir giriş yapıyorum. Sonra da baskın kişiliği belirleyeceğimiz bir test yaparak herkesin temel kişilik türünü tespit ediyorum. Aynı kişilik kategorisindeki kişilerin aynı grupta yan yana oturmasını istiyorum. Katılımcılar dört gruba ayrılıyorlar ve her seferinde de gruptaki sayıların birbirine yakın olduğunu görüyorum. Bu dört grubun ülkelere ve dünyaya yayılışları da aynı şekildedir. Dört farklı insan tipi vardır ve hepsinin nüfusa dağılımı birbirine yakındır.

Gerek seminerlerimde, gerekse yaptığım danışmanlıklarda insanları yakından incelediğimde, dört farklı kişilikten de başarılı liderler, iş adamları, anneler-babalar ve öğretmenler çıktığını gördüm. Bu kişilerin başkalarını kendi kişiliklerine uymaya zorlamak yerine, diğer kişilik türleriyle uyum sağlamaya çalışmalarının, başarılarındaki en büyük faktör olduğunu tespit ettim.

> *Bu dört grubun ülkelere ve dünyaya yayılışları da aynı şekildedir. Dört farklı insan tipi vardır ve hepsinin nüfusa dağılımı birbirine yakındır.*

Hepimiz, kendimizde göremediğimiz ama başkalarının bizde fark ettiği, kişiliğimizin baskın özelliklerinin diğer insanlarda meydana getirdiği etkiyi görmeli davranışlarımızda dikkat etmemiz gereken yönlerimizi fark etmeliyiz. Çünkü her bir kişiliğin taşıdığı özelliklerin, farklı kişiliklerdeki diğer insanlar üzerinde az ya da çok stres yapan yönleri vardır. Dengeli ilişkiler kurmak için, birlikte çalıştığımız insanların davranış biçimleri ile uyum içinde olmamız gerekir.

Farklı kişilerle uyum sağlamak için, bazen onları güçlendirecek önerileri; bazen düzenli, planlı ve programlı bir hayatı; bazen yapılacak işlerin hareketli ve heyecanlı taraflarını; bazen de onları huzura kavuşturacak önerileri bilmemiz ve bunları onlarla paylaşmamız, iletişim açısından çok önemlidir.

İnsanlar hayatlarına bir şekil verebilirler; ancak yapılarındaki temel özellikler değiştirilemez. Burada önemli olan, insanların hayatını, kişiliklerine ve yapılarının temel özelliklerine uygun olarak nasıl değiştirebileceğimizi bilmektir. Mesela bir eser yapmak istersek, bunun için hammaddeler çeşit çeşittir; mermer, elmas, granit vb. Eserimizi oluştururken bunlardan birini seçeriz. Fakat burada biz bir mermeri aldığımızda ne kadar çabalarsak çabalayalım bunu bir elmasa çevirebilir miyiz? Tabii ki hayır. Biz ancak mermeri alır, zımparalar ve ona bir şekil verebiliriz. Ama hammaddeyi değiştiremeyiz.

Önce Kendimizi Tanımakla İşe Başlamalıyız

Özellikle iş hayatında birbirimizin çalışma biçimini anlamazsak stresimiz artar ve üretkenliğimiz azalır. Unutmamalıyız ki gerek toplumda, gerek aile içinde ve gerekse modern organizasyonlar içinde hemen her pozisyonda "başkaları ile iyi ilişki kurma becerisi" başarının çok önemli bir faktörü haline gelmiştir. Yani iletişimin "olmazsa olmaz"ı insanlarla iyi ilişkiler kurabilme becerisidir dersek abartmış olmayız. Bu beceri de insan kişiliklerini tanımaktan geçiyor.

Kendimizi tanımadan, kişiliğimizi geliştirmeden, başkalarıyla geçinmeyi öğrenemeyiz. İçimizdeki kaynakları fark edip en iyi şekilde kullanmayı bilirsek potansiyelimizin boşu boşuna akıp giden bir su gibi ziyan olmasına da izin vermeyiz. O suyun önüne bir baraj yapar ve onu kendi lehimize kullanabiliriz.

> Kendimizi anlamamız, gerçekten kim olduğumuzu, neden böyle davrandığımızı, olumlu yönlerimizi, onları nasıl güçlendireceğimizi ve olumsuz yönlerimizle, onları nasıl olumluya çevireceğimizi bilmek, bu kişilik özelliklerini bilmemizden geçiyor.

Böylece hayatı ve insanları olduğu gibi kabul edecek ve aslında farklılıkların bir puzzle'ın küçük parçalarının yerine konduğunda meydana getirdiği anlam gibi çok şeyler ifade ettiğini farkedeceğiz. Bizler bu puzzle'ı ancak sahip olduğu farklı farklı parçalarla bütünleştirebiliriz. İşte her biri bir bütünü oluşturan bu kişilik özelliklerini iyi bilirseniz;

- İnsanları daha doğru anlar ve kendinizi de onlara daha doğru anlatabilirsiniz.
- İkna kabiliyetiniz artar.
- Strese girmezsiniz ve karşınızdaki insanların strese girmesine sebep olmazsınız.
- Liderlik becerileriniz gelişir.
- Daha iyi bir anne, daha iyi bir baba ve daha nitelikli bir insan olursunuz.
- Evinizde ve iş yerinizde daha mutlu ve huzurlu bir hayat yaşarsınız.

İnsan başkalarının kişiliğini tahlil etmeden önce kendi kişiliğinin özelliklerini, olumlu ve olumsuz yönlerini yakından tanımak zorundadır. Bunu en iyi dile getiren de yine kendi kültür kaynaklarımızdan Yunus Emre' dir:

İlim ilim bilmektir.
İlim kendin bilmektir.
Sen kendini bilmezsin.
Bu nice okumaktır.

II. BÖLÜM

TEST UYGULAMASI

Farklı kişilikleri tespit etmek için bu bölümde bir test uygulaması yer almaktadır. Aşağıdaki test, her biri dört şıktan oluşan 15 soru içermektedir. Seçeneklerde belirtilen özellikler size ne derecede uyarsa ona göre puan veriniz.

Puanlandırma

Her soruda 4 şık vardır. Dört şıktan sadece ikisine puan verin (2 puan ve 1 puan). Soruları cevaplarken size en çok uyan seçeneğe 2 puan, o seçenekten sonra size en uygun gelen seçeneğe ise 1 puan verin. Cevaplamadığınız soru kalmamasına dikkat edin.

Testin bitiminde A, B, C, D, şıklarının her biri için puanlarını ayrı ayrı toplayın. Son olarak bu şıkların toplam puanlarını kıyaslayın. Hangi gruptaki puanınız ağırlıkta ise baskın kişilik özelliklerinizin o gruba girdiği anlaşılacaktır.

Not: Aşağıdaki test sizin ağırlıklı olarak hangi gruba ait olduğunuzu ortaya çıkaracaktır, bu yüzden olmak istediklerinizi değil şu anda sahip olduğunuz özellikleri işaretleyiniz.

		Puan
1	Aşağıdaki beyitlerden hangisi sizi daha iyi anlatır	
	a. Güçlü, kararlı, girişken ve doğuştan liderim. Kimseye minnet etmem; düşer kalkar, yoluma devam ederim.	
	b. Hayata anlamlı renkler katar, eğlenceyi severim. Ömür boyu herkesin mutlu ve neşeli olmasını dilerim.	
	c. Her anımı huzurlu ve sakin geçirmek isterim. Kavga-gürültü sevmem, işlerimde en kolay yolu seçerim.	
	d. Her şeyin mükemmel, düzgün ve kusursuz olmasını isterim. İlişkilerimde saygılı ve mesafeli olmayı severim.	
2	Genellikle hangi tempoda ve nasıl konuşursunuz?	
	a. Hızlı ve sonuca yönelik	
	b. Çok hızlı, heyecanlı ve eğlenceli	
	c. Daha yavaş ve sakin	
	d. Normal ve söyleyeceklerimi aklımda tartarak	
3	Bir işe motive olmanızı sağlayan en önemli unsur hangisidir?	
	a. Sonuçları düşünmek	
	b. Onaylanmak, takdir edilmek	
	c. Gruptaki arkadaşlarımın desteği	
	d. Etkinlik, düzen ve disiplin	

Test

		XX	X
4.	Çalışma tarzınız hangisine uygundur?		
	a. Yoğun ve hızlıyımdır. Aynı anda birkaç işi bir arada yapabilirim.		
	b. Özgür bir ortamda çalışırım. İnsan ilişkileri odaklıyımdır.		
	c. Ön planda olmayan ama gruba her türlü desteği veren bir yapım vardır.		
	d. Ayrıntıları önemserim ve tek bir konuya odaklanarak çalışırım.		
5.	Çalışma temponuzu nasıl değerlendiriyorsunuz?		
	a. Hızlı bir tempoda çalışır, çabuk karar almayı severim.		
	b. İşlerin rutin ve sıkıcı olmadığı ortamlarda yüksek motivasyonla çalışırım.		
	c. Nadiren aceleciyimdir. Geç de olsa üstlendiğim işi bitiririm.		
	d. Ayrıntılı düşünerek karar veririm. Ağır ama iş bitirici bir tempoyla çalışırım.		
6.	Hangisi sizi daha çok rahatsız eder?		
	a. Zaman israfı ve işlerin gecikmesi		
	b. Tekrar gerektiren işler ve monotonluk		
	c. Çatışma ortamı ve anlaşmazlıklar		
	d. Yanılmak ve yapılan hatanın tekrarlanması		
7.	Bulunduğunuz gruplarda hangi konumda daha başarılı olursunuz?		
	a. Olaylara yön veren ve otoriteyi kullanan		
	b. İnsanları motive eden ve neşelendiren		
	c. Uzlaştırıcı ve grup içindeki uyumu sağlayan		
	d. Bilgi sağlayıcı, araştırıcı ve olayları takip eden		
8.	Hangisi sizi daha çok strese sokar?		
	a. Olaylar üzerindeki güç ve kontrolümün azaldığını hissetmek		
	b. Sıkıcı, rutin işler yapılan bir ortamda bulunmak		
	c. Beni aşacağını düşündüğüm sorumluluklar üstlenmek		
	d. Düzensiz ortamlar ve eksik yapılan işler		

		XX	X
9.	Bir öğrenci olsanız ve öğretmeniniz sınav kağıdınızı ikinci defa incelediğinde puanınızı artırdığını söylese nasıl bir tepki verirsiniz?		
	a. Bunu zaten hak ettiğimi düşünürüm.		
	b. Çok sevinirim ve sevincimi belli ederim.		
	c. Hocama teşekkür eder ve saygı duyarım.		
	d. Hocamın nerede hata yaptığını merak eder, kağıdımı görmek isterim.		
10.	Saatler sürecek bir iş toplantısına katılmanız gerektiğinde aşağıdakilerden hangisini benimsersiniz?		
	a. Toplantı başında genellikle konunun ana hatları konuşulduğu için biraz geç girerim. Sonucun belli olmasından hemen sonra da çıkmayı tercih ederim.		
	b. Toplantı eğlenceli bir şekilde devam ederse sonuna kadar kalırım. Toplantı sıkıcı olmaya başladığında erken çıkarım.		
	c. Toplantının huzur içinde geçmesi ve güzel kararlar alınması için üstüme düşeni yaparım.		
	d. Toplantıya tam vaktinde veya vaktinden önce gelirim. Toplantı esnasında notlar alır, sonunda biraz kalarak değerlendirme yaparım.		
11.	Kendinizde gördüğünüz en zayıf yönünüz hangisidir?		
	a. İşler zamanında ve istediğim gibi yapılmadığında sinirlenmek		
	b. Düzensiz, dağınık ve plansız olmak.		
	c. Kimseye "hayır" diyememek, başkalarının işine koşarken kendi işimi aksatmak.		
	d. Her şeyin kusursuz ve mükemmel olmasını istemek, insanlarda bunu görmediğimde sinirlenmek.		
12.	Kendinizde gördüğünüz en güçlü yönünüz hangisidir?		
	a. Kısa sürede karar alıp hemen harekete geçmem		
	b. Girdiğim ortama neşe ve heyecan katabilmem		
	c. Her türlü ortama uyum sağlamam ve çatışmaları önleme gayretim		
	d. Her şeyi planlı, programlı ve düzenli yapmam		

		XX	X
13.	Aşağıdaki ifadelerden hangisi sizi daha iyi tanımlar?		
	a. Güçlü, kararlı, otoriter ve yönlendirici		
	b. Popüler, neşeli, sevimli ve muzip		
	c. Barışçıl, sevecen, uyumlu ve sakin		
	d. Tertipli, düzenli, disiplinli ve planlı		
14.	Çalışma masanızda nelere dikkat edersiniz?		
	a. Öncelikli işlerime göre düzenlenmiş sade bir masayı tercih ederim.		
	b. İnsanlara karmakarışık gelen ama benim aradığım her şeyi kolayca bulduğum bir masada çalışırım.		
	c. Önce masamın üzerine gerekli olan her türlü araç-gereci koyarım, çünkü sık sık kalkarak enerjimi harcamak istemem.		
	d. İyi bir iş çıkarmam için masam son derece derli toplu ve düzenli olmalıdır.		
15.	Ertesi gün çözülmesi gereken bir problem varsa o akşamki ruh haliniz nasıl olur?		
	a. Çok büyük tedirginlik duymam, çünkü ertesi gün o işi olması gerektiği gibi yapacağımdan eminimdir.		
	b. Çok tedirginlik duymam, çünkü nasıl olsa işler bir şekilde hallolacaktır.		
	c. Sorumluluğun üstümde olmasından dolayı tedirginlik duyarım.		
	d. Tedirginlik duyarım ve gecenin büyük bir bölümünde problemin nasıl çözüleceğiyle ilgili planlar yaparım.		

Değerlendirme:

Aldığınız puanların toplamını, şıklara göre aşağıya not ediniz.

A ....
B ....
C ....
D ....

Testin Değerlendirmesi

A şıkkındaki puanlarınız ağırlıklı ise, güçlü kararlı yapıya sahip bir kırmızısınız.

B şıkkındaki puanlarınız çok ise, popüler neşeli yanı ağır basan bir sarısınız.

C şıkkındaki puanlarınız çok ise, barışçıl sevecen bir yeşilsiniz.

D şıkkındaki puanlarınız çok ise, tertipli düzenli yapıya sahip bir mavisiniz.

Testin sonunda çıkan bu renklerin anlamı nedir peki? Kırmızı, sarı, yeşil, mavi olmak ne anlama geliyor? İlerleyen bölümlerde farklı kişiliklerin özellikleri üzerinde durulacaktır.

III. BÖLÜM

4 FARKLI KİŞİLİK

Tarih boyunca insanları ve onların davranışlarını anlamamıza yardımcı olacak birçok yöntem bulunmuştur. Bu yöntemlerin kimisinde, bazen sadece davranışın olup-olmaması gibi iki değişkenli boyut üzerinde durularak kişilik analizi yapılmış; bazıların da ise insanın daha karmaşık boyutları vurgulanmıştır. Ancak geçmişten günümüze bütün yöntemlerin bir analizi yapıldığında insanların temel anlamda 4 farklı gruba ayrıldığı görülmektedir. Bu çalışmamızda da bu 4 farklı kişiliği sarı, mavi, kırmızı ve yeşil olmak üzere 4 farklı renkle simgelenmiş olarak bulacaksınız. Burada yapmış olduğumuz sınıflandırmadaki özellikler, bu konuda daha önceden yapılmış araştırmalar ve onların sonuçlarıyla da paralellik arz etmektedir. Bu eserde 4 farklı kişilik renklerle ifade edilecektir:

1960'larda Dr. David Merrill, "girişkenlik" ve "tepkisellik" olarak ikiye ayırdığı davranış kümesinin, diğer insanların nasıl davranma eğilimi gösterdiklerini anlamakta yararlı olduğunu keşfetti. Bunun sonucunda aşağıda görülen sınıflandırmayı yaparak insanları 4 gruba ayırdı:

KIRMIZI

Canlı ve dikkat çekici bir renktir. Gücü, kararlılığı ve sahiplenmeyi simgeler.

SARI

Çılgın bir renktir. Neşeyi, popülerliği, hareketi ve kabına sığamamayı simgeler.

MAVİ

Asaleti ve ciddiyeti simgeleyen bir renktir. Tertipli, düzenli, kuralcı ve disiplini seven insanlar bu gruba girerler.

YEŞİL

Rahatlatıcı ve huzur verici bir renktir. Bu kişiler barışı, uyumu, sükuneti ve sevecenliği simgeler.

ANALİZCİ daha az girişkenlik daha az tepkisellik	YÖNLENDİRİCİ daha fazla girişkenlik daha az tepkisellik
CANA YAKIN daha az girişkenlik daha fazla tepkisellik	DIŞAVURUMCU daha fazla girişkenlik daha fazla tepkisellik

Robert Bolton ve Dorothy Grover Bolton ise "İş Hayatında İnsan Üslupları" adlı kitaplarıyla, iş dünyasına yönelik olarak kişiliklerle ilgili en kapsamlı eseri ortaya koydular. Bu kitapta Dr. Merrill'in çalışmalarından da yararlandılar. Bu kitaptaki kişiliklerin bizim simgelerimize göre sıralanışı ise şöyledir:

> Sarılar - Dışavurumcu
> Maviler - Analizci
> Yeşiller - Cana yakın
> Kırmızılar - Yönlendirici

İnsan kişilikleri konusunda dünyada en çok tutulan eserlerden biri de Florence Littauer'ın "Kişiliğinizi Tanıyın" adlı kitabıdır. Bu kitabında yazar, 4 farklı kişiliği ele alır ve onların özelliklerini detaylı bir şekilde anlatır. Yine aynı yazar "Çift Bulmacası" adlı kitabında farklı kişiliklerdeki kişilerin evliliklerinin güçlü ve zayıf yönlerini güzel bir şekilde anlatmıştır. Ayrıca kızı Marita Littauer ile birlikte iş dünyasına hitap eden "Kişilik Bulmacası" adlı ortak bir kitapları vardır. Bu kitaplarında Florence Littauer kişilikleri bizim simgelerimize göre şöyle adlandırmıştır:

> Sarılar - Popüler optimist
> Maviler - Melankolik
> Kırmızılar - Güçlü klorik
> Yeşiller - Barışçıl soğukkanlı

Uzun yıllar kişilikler üzerinde araştırma yapmış ve bu konuda bir eser ortaya koymuş kişisel gelişim uzmanı Larry Craft'a göre ise, kişilik özellikleri aşağıda belirtilen şekilde tanımlanmıştır:

> Sarılar - Duygusal
> Maviler - İlişkisel
> Kırmızılar - Tartışmacı
> Yeşiller - Kişisel

Kişisel gelişim hakkında kapsamlı araştırmaları ve kitapları bulunan Nil Gün ise "Karakterlerimiz" adlı kitabında karakterleri kadın ve erkek olmak üzere ikiye ayırır. Ayrıca kadın ve erkek diye ayırdığı her bir karakterin de dört temel karaktere sahip olduğunu eserinde belirtiyor.

Kadın karakterleri	Erkek karakterleri
Anne	Baba
Dost	Ebedi çocuk
Amazon	Savaşçı
Mistik	Filozof

Tüm bu sınıflandırmalarda gördüğümüz gibi, genel olarak kişiliklerin 4 temel özelliğine vurgu yapılmış. Bu eserde de kişilikler renklerle simgelenmektedir. 4 ana gruba ayırdığımız bu kişilik özelliklerinin ayrıntıları bundan sonraki bölümlerde detaylı olarak ve örnekler ışığında incelenmiştir.

IV. BÖLÜM

4 FARKLI KİŞİLİĞİN ÖZELLİKLERİ

4 FARKLI KİŞİLİĞİN ÖZELLİKLERİ

Bu bölümde, eserin başından beri bahsettiğimiz kişiliklerin her birini detaylıca ele alacağız. Olaylar karşısında her birinin farklı tutumlar içinde olduğu bu kişiliklerin; evde, işte, günlük yaşamdaki tutum ve davranışlarının sebeplerinin analizini yapacak ve yaşanmış örneklerle bunları sizlere aktaracağız. Eserde seminerlerimizden yaşanmış ve aşama aşama çözüme kavuşturulmuş örnekler de bulacaksınız. Tüm bu örnekleri vermekteki amacımız, insan kişiliklerinin farklı yönlerini sizlere sergileyebilmek, iletişimde karşımızdaki kişiyi tanımadığımızda aslında kolaylıkla aşılabilecek olaylara nasıl takılıp kalabileceğimizi görebilmektir.

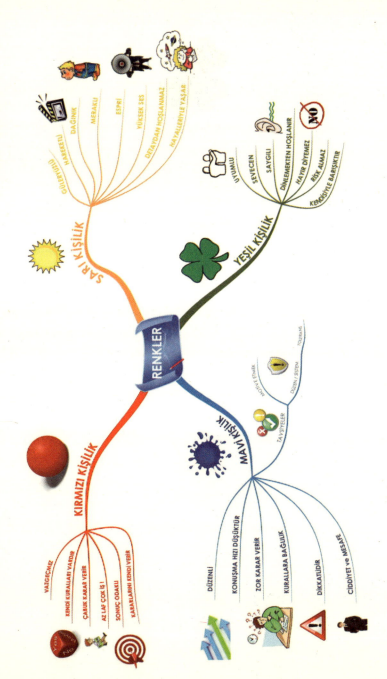

Sarı Kişilik

Doğuştan hareketlidir, kıpır kıpır koşar
Herkesi eğlendirir, güldürür, coşar
Konuşmayı çok sever, muziptir, uçar
Dağınıklık zayıf yanı, hep döküp saçar

Çok sevilir, duygusal med-cezirler yaşar
Bitmek bilmez hayatında inişler çıkışlar
Etrafa neşe verir, mutluluk saçar
Bir bakarsın bir köşede gizli gizli ağlar

Altın sarısı gibi saf çocuk ruhludur
Pireyi deve eder, abartma huyludur
Her şeye atlar, çok meraklı dopdoludur
İyi motive eder popüler coşkuludur

Arkadaşlığında aşkında keder olmaz
Unutkandır, söz verir bir daha aramaz
İşe gönüllüdür fakat masada duramaz
Hayatı oyun görür akşam eve varamaz

Büyük projeleri görür hayal kurar
Etkilidir, sloganı gelecekte parlar
Ciddi şeyleri değil, muzipliği hatırlar
Hep hafızasına kazınır renkli olaylar

Sarılar, bu 4 ana kategori içinde en kıpır kıpır olan kişiliktir desek abartmış olmayız. İlgi çekici ve karizmatik yapılarıyla hemen dikkat çekerler. Dışarıdan bakılınca sevimli, kıpır kıpır, hikâyeler anlatıp güldüren ve gülen birini görüyorsanız onları hemen tanırsınız.

Birebir ilişkilerde çok aktiftirler, yabancılarla kolaylıkla ve özel bir çaba göstermeksizin ilişki kurarlar, geniş bir tanıdık çevreleri vardır. Hayaller kurmaya yatkındırlar, vizyonları çok geniştir. Bir organizasyon içerisinde büyük projeler hayal edebilen, çok daha büyük ve parlak bir geleceği düşünebilen kişilerdir. Ancak bunları hayata geçirme konusunda büyük sıkıntılar yaşayabilirler.

Girişkendirler

Aşırı enerjileri yüzünden sürekli hareket halinde olmak isterler, herhangi bir noktada çok fazla vakit geçirmekten hoşlanmazlar. Bu yüzden masaya bağlı işleri sevmezler. Hatta uzun toplantılarda oturmak zorunda kaldıklarında sürekli olarak sandalyelerini hareket ettiren birileri varsa bilin ki onlar sarıdır. Ayakları ve elleriyle jestler yapar, bir ataçla veya kalemle oynamayı tercih ederler. Sıkıldıklarında çoğunlukla yanındakilerle konuşmaya dalar ve toplantıya ilgisiz kalırlar.

> *Sarıların en zayıf yönleri ise düzensiz oluşları, ayrıntıları ya da isimleri hatırlayamamaları, olayları abartmaları, hiçbir şey hakkında ciddi olmayan bir tavır sergilemeleri, işlerin yapılmasında genellikle başkalarına güvenip inanmalarıdır.*

Sarılar zihinlerinden geçenleri sıralarken dünyayı unuturlar. Coşkulu ve heyecanlı bir şekilde konuşurlar, anlatırlar ve olumlu tepkiler beklerler. Buna karşın, karşılarındakinin uzun konuşmalarına tahammül edemez, sözlerini keserler. Çünkü onlar başkası konuşurken kendi söyleyeceklerini düşünmekle meşguldürler.

Ayrıntılar Üzerinde Düşünmezler

Düşlerini gerçekleştirme yolunda ilerlerken meselenin, çözüm gerektiren pürüzlü yönlerini düzeltmek için yeterince çaba göstermezler. Ayrıntılarla başkalarının uğraşmasından memnuniyet duyarlar. Bu kişilerin en zayıf yönleri ise düzensiz oluşları, ayrıntıları ya da isimleri hatırlayamamaları, olayları abartmaları, genellikle ciddi olmayan bir tavır sergilemeleri ve işlerin yapılmasında kolayca başkalarına güvenip inanmalarıdır.

İşlerini genellikle son dakikada yetiştirirler. Ayrıca her işi eğlenceye çevirmeleri ve hep insanlarla birlikte olmak istemeleri, onları her ortamda aranılan kişiler yapar.

Çalışma Alanları Dağınıktır

Çalışma alanları sarı olmayan birine göre tam bir savaş alanıdır. Hatta çalışma mekanlarını gördüğünüzde aklınıza gelen ilk soru "Burada aradığını nasıl buluyor?" şeklinde olabilir. Ama merak etmeyin, onlar aradıklarını bulurlar. Bir de onların masalarındaki resim çerçevelerini boş görürseniz hiç ama hiç şaşırmayın. Doğaldır! Çünkü sarı olan kişi çocuğunun resmini koymak için bir çerçeve almış, sonra da koyacağı resmi kaybetmiş olabilir.

Bu kişiler çekmecelerini de bir şeylerini tıkıştırmak için kullanırlar. Onların çekmecelerini incelemek çok eğlenceli olabilir. Buralarda inanılmaz şeylerle karşılaşabilirsiniz. Çantaları ve arabalarının bagajları da ilginç şeylerle doludur. Masalarında olduğu gibi buralarda da tertip ve düzenleri yoktur.

> Bir diyet uzmanının diyet yapmak isteyen kişiye söylediği "Yediklerinin yarısını ye, yaptıklarının iki katını yap!" sözlerini değiştirerek sarılara "Konuştuklarının yarısını konuş, dinlediklerinin iki katını dinle!" tavsiyesini uyarlayabiliriz.

Kravat takıyorlarsa kravatları sağa ya da sola doğru kaymış olabilir.

Bir diyet uzmanının diyet yapmak isteyen kişiye söylediği "Yediklerinin yarısını ye, yaptıklarının iki katını yap!" sözlerini değiştirerek sarılara "Konuştuklarının yarısını konuş, dinlediklerinin iki katını dinle!" tavsiyesini uyarlayabiliriz.

Hayata "Beni Farket" Mesajı Verirler

Bu kişilerin en büyük istekleri sevilmek ve fark edilmektir. Hayata ve çevreye "Beni fark et" mesajı verirler. Yüksek sesle konuşmaları, biraz da bundan kaynaklanır. Sarılar çok sevilen ve aranan tiplerdir. İnsanlara renkli kişilikleriyle neşe kaynağı olurlar. Strese tepkileri ise ortamı terk etme, alışverişe çıkma, eğlenceli insanlar bulup onlarla vakit geçirme şeklinde olabilir.

Sarıları en çok rahatsız edecek durum kendilerine aldırış edilmemesidir. Sıkıldıklarında dahi genellikle içlerine kapanık bir görüntü oluşturmazlar. Genellikle birinin yanına gidip konuşmayı tercih ederler.

Onları Toparlayacak Birine İhtiyaç Duyarlar

Sarılar iyi takipçi değildirler. Bir karar alırlar, ancak bunu bir türlü hayata geçiremezler. Kör noktalarını da kolay kolay göremezler. Onlara bunları anlatacak ve bunu yaparken de onları kırmayacak dostlara ihtiyaçları vardır. Bu yüzden onlara en güzel önerim; kendilerine "mavi" bir yardımcı veya eş bulmalarıdır. Ayrıca çalışma odalarının duvarına "Asla erteleme, üşenme, vazgeçme!" yazısını asmaları da işle olan bağlantılarını koparmamaları açısından etkili bir yöntemdir.

Eğlenceli tiplerdir. Her konuda espri yeteneğine sahiptirler

İki sarı yan yana gelince inanılmaz güçlü bir mizah anlayışı ortaya çıkar. Bir yerde şenlik varsa bilin ki sarılar oradadır. Sizde eğlence istiyorsanız hemen onlara katılabilirsiniz. Etraflarındaki herkesi neşelendirirler. Anlattıkları hikayelere baktığınızda daldan dala atlama huylarından dolayı, hikayenin sonunun bir başka yere kaydığını ve komikleştiğini görebilirsiniz.

Rutin olmayı sevmezler ve eğer çevrelerindeki insanlar onlarla eğlenmiyorsa hemen kendileri gibi birilerini aramaya çıkarlar.

Bu kişiliğin ülkemizdeki en tipik örneklerinden biri, stand-up sanatçısı Cem Yılmaz'dır. Cem Yılmaz sahnede kendini oynar. Kendisiyle ve seyircilerle dalga geçer. Hiç alakası olmayan bir konudan çeşitli espriler üretebilir. Tek kişilik gösteriler yapan Cem Yılmaz bir gösterisinde şöyle diyordu:

"Ben buraya birkaç insan yüzü görmeye geldim, hani şu paraların üzerindeki Atatürk resimleri var ya..."

Salonda kahkaha fırtınası koparken Cem Yılmaz şöyle devam etmişti: "Şu sahneye çıkışımın nedeni ekmek parası, pardon fırın parası..."

Çocuklukları eğlenceli ve hareketli geçer

Kişiliklerimiz daha küçükken çevresindekilere kendini fark ettirmeye başlar. Sarı olan çocuklar küçüklüklerinden itibaren ilgi odağı olmayı başarırlar. Her tür mekâna renk ve hareket getirirler. Anlık eğlenceler bularak kahkaha fırtınası oluştururlar. Her zaman bir boşluğu doldururlar.

Çocukluğumda aklım hep muzipliğe çalışırdı, bu yüzden de okulda en çok azar işiten öğrenci ben olurdum. Hani şirketlerde ayın en iyi personelini seçip ödüllendirirler ya, herhalde buna benzer bir ödül olsaydı okulda her ay "en çok azar işiten öğrenci ödülünü ben alırdım!

Hatta öğretmenlerime göre ben "çete reisi" idim. O zamanlar sosyal zekâ, duygusal zekâ gibi kavramlar bilinmediğinden bu unvanı

üzerimden atamamıştım. Öğretmenlerime göre okulda benimle birlikte yaklaşık beş tane daha "çete reisi" vardı. Zannedersem onlar da sarı ve kırmızı idiler.

Fakat şu anda hepsi çok başarılı, önemli pozisyonlarda çalışan veya kendi işinin sahibi kişiler. Onlarla ara sıra görüşüyorum ve başarılarıyla gurur duyuyorum.

Konuşmayı çok severler

Bu kişiler konuşmayı çok severler. Hem de yüksek sesle etrafındaki herkesi kendilerini dinlemeye mecbur edecek şekilde bangır bangır konuşan, genellikle ses ayarı bilmeyen hayat dolu tiplerdir. Bir lokantada sarıların seslerini ve kahkahalarını en arkadaki masadan bile duyabilirsiniz.

Sarıların bir diğer özelliği ise anlatacakları çok şeylerinin olmasıdır. Onların o kadar renkli ve önemli hayalleri vardır ki, bunları konuşarak paylaşmak isterler. Bazen altı çizilecek olayları atlayabilirler ve ana konuyu saptırabilirler. Karşı taraf da kendine göre boşluğu doldurur. Sarılar bazen sizi dinlerken sözünüzü kesip "Bak ben sana benim yaptığım bundan daha ilginç bir şeyi anlatayım mı?" diyebilirler.

> *Sarıların bir diğer özelliği ise anlatacakları çok şeylerinin olmasıdır. Bazen altı çizilecek olayları atlayabilirler ve ana konuyu saptırabilirler.*

Bazen tam anlatacakları bitti dersiniz, bir de bakarsınız yeniden başlamışlar ve sonuna kadar da kendilerini dinletmişler. Zaten onların doğal olarak çekim güçleri vardır. En bozuk atmosferi bile bertaraf edip, eğlenceli bir hale getirirler. Gerek dış görünüşleri gerek sempatik halleriyle ve etrafa neşe saçan tavırlarıyla bu kişiler popüler olurlar.

Haydarpaşa Lisesi'ndeki sınıfımızdan Kasım, bu kişiliğin en güzel örneklerinden biriydi. Neşeli tavırlarıyla sınıfı gülmekten kırar geçirirdi.

Fizik hocamız Yahya Bey ise okulun en iyi ve en sert hocası idi. Saçları olmadığından lakabı "Kel Yahya" idi. Herkes ondan çok korkar ve dersinde kolay kolay gülemezdi.

Bir gün fizik laboratuarında elektrik konusunu anlatırken pile bağlanmış bir elektrik telini tutmamızı istedi. Teli tutanları, elektrik hafifçe titretiyordu. Yahya Bey "Korkmayın çocuklar, bunun hiçbir zararı yoktur, hatta faydası bile vardır." dedi ve "Ne faydası olduğunu bilen var mı?" diye sordu. Kasım, gür sesiyle çok nadir gülen Yahya Beyi bile güldüren bir espri patlattı:

"Saç çıkarır hocam, saç!"

Sık sık bir şeyleri döküp saçarlar

Bir gün sarı olan asistanım Tuğçe'ye "Senin bir şey kırıp dökmediğin bir gün var mı?" diye sormuşlar. O da: "Böyle bir şey olması için size, bütün gün uyumam lazım derdim ama maalesef ben uyurken bile bir şeyler döküyorum. Çünkü geçenlerde uyurken ayakucumda duran komodindeki su bardağını devirmişim. Uyandığımda yerler sırılsıklamdı." diye cevap vermiş.

Kendisiyle seminer öncesi bir restauranta uğradık. Orada kendisine bir içecek almak istedi. İçeceğini alıp tam masaya gidiyordu ki iki basamaklı merdivenin ilk basamağında içeceğini döktü. Müesseseden özür diledi. Yerler silindi.

Sonra ikinci içeceğini aldı ve tam masaya doğru giderken bunu da döktü. Yine yerler temizlendi, paspaslandı. Üçüncü defa içeceğini alacakken kendisine ikram etmeyi teklif ettilerse de, kabul etmedi. Üçüncü içeceğini aldı ve büyük bir dikkatle taşırken, bunu da döktü. Artık yürüdükçe temizlik elemanları da arkasından yürüyüp, temizlik yapıyordu. Kovalar ve paspaslar arkasında onu adeta bir gölge gibi izliyordu. En sonunda dördüncü içeceği almaktan vazgeçmişti ki, onu da müesseseden ikram ettiler!

Mutluluk ve enerji yayarlar. Hüzünlü ortamları sevmezler

Dışadönük doğalarıyla ve iyimser kişilikleriyle herkesin neşe kaynağı olurlar. Onların bu enerjileri ve mutluluk paylaşımı çok etkileyicidir. Aynı şeyi adamına göre evirir çevirir, birçok defa anlatabilirler. Ancak aynı hikâyeyi onlardan ikinci kez dinlerken başka bir hikaye dinliyor hissine kapılabilirsiniz.

Anadolu'da bir seminerim vardı. Levent Artan da seminerde bana gitarla eşlik ediyor ve motivasyonu arttıracak şarkılar söylüyordu. Levent'in şarkılarıyla seminerlerim daha bir coşkulu geçiyordu.

Orada tipik yeşil-mavi olan Mehmet Bey ile tanıştık. Öğretmen olan Mehmet Bey çok duygusal bir insandı. Bizi karşılarken ikimize de sarıldı ve gözleri yaşlarla doldu. Mehmet Hoca duygulandığı, sevindiği ve üzüldüğü her şeyden sonra ağlıyordu.

Kapalı spor salonunda binlerce insan vardı. Levent'in şarkıları ve benim söylediklerim onları coşturmuştu. Herkes büyük bir neşe içindeydi. O sırada Mehmet Hoca'yı gördüm, gözleri yaşlarla doluydu. Seminerden sonra onun evine gittik. Levent, Anadolu'da yaşadığımız olayların ilginç yönlerini anlatırken herkesi gülmekten kırıp geçiriyordu. Mehmet Hoca'nın bunları dinlerken bile gözleri yaşarıyordu.

Mehmet Hoca, Levent'e dönüp; "Levent oğlum bak, birazdan sana kızım bir hediye verecek ve ağlayacaksın." dedi.

Kızcağız geldi ve hediyeyi verdi. Ama Levent ile bana göre bunda ağlanacak bir şey yoktu. Ardından Mehmet Hoca, talebelerinin yazmış olduğu şiirleri Levent'e tek tek okudu. Levent ne kadar gayret ettiyse de bir türlü ağlayamıyordu. Çünkü olaylara kendi penceresinden bakıyordu. Mehmet Hoca'nın ise gözleri yaşlarla dolmuştu.

Mehmet Hoca bizi uğurlarken ikimize de birer hediye verdi ve "Bunları açtığınızda beni İstanbul'dan telefonla arayacaksınız." dedi. Bunları söylerken hediyeleri açtığımızda kesin olarak ağlayacağımızdan emindi.

Tabii İstanbul'a gelip de hediyeleri açtığımızda ağlamadığımız gibi Levent'le birbirimize Mehmet Hoca'yla ne kadar farklı olduğumuzu anlatarak çok güldük.

Hafızalarında hep renkli şeyler vardır

Muziplikleri ve renkli olayları adeta hafızalarına kazırlar. Bu konuda daima bir numaradırlar. Çünkü eğlence odaklı tiplerdir. Hafızaları ciddi konuları da çok iyi kavrar. Fakat bunlara yüzeysel bakarlar ve hayatın renkli taraflarıyla daha çok ilgilenirler.

Sarı ve yeşilin karışımı özelliklere sahip Aykut Açkalmaz'la uzun süre birlikte çalıştık. Renkli hayaller kurabilen ve uçuk fikirleri olan bir yardımcıya ihtiyacım olduğu dönemde Aykut'la tanışmıştık. Kendisi hafıza tekniklerini kısa sürede öğrendi. Bir süre sonra birlikte hafıza gösterileri yapmaya başladık.

Bir gün kalabalık bir grup önünde Aykut Açkalmaz hafıza gösterisi yapıyordu. 100 kadar rakamı hafızasına almış, teker teker söylüyordu. Seyirciler büyük bir heyecanla bu gösteriyi izliyorlardı. Rakamların sonuna geldiğinde Aykut, 88. numarayı hatırlayamadı. Oysaki hafıza şifrelerimizde 8'in şifresi "S", 88'in ise "Sakıp Sabancı" idi.

Aykut düşünmeye başladı, ancak bir türlü rakamı hatırlayamıyordu. Bunun üzerine ben, sabırsızlıkla bekleyen seyircilere döndüm ve "Hiç merak etmeyin, biraz sonra hafızasına aldığı bu rakamı söyleyecek. O şimdi Sakıp Sabancı gibi düşünüyor..." dedim. Arkasından Aykut'a baktım. Aykut gülümsedi ve 88. sıradaki rakamı söylediğinde salonda büyük bir alkış koptu…

Unutkanlıkları çoktur

Odaklandıkları o kadar çok şey vardır ki çevrelerinde olan bitene çok fazla dikkat etmezler. En kıymetli emanetleri bile kaybedebilirler.

Sarı olarak ben, hafıza tekniklerini bildiğim için seminerlerimde birçok insana ismiyle hitap edebiliyorum. Fakat bazen evin anahtarlarını evde unutabiliyorum. Eşim de mavi olduğundan buna tepki gösteriyor. Hatta bu unutkanlığım yüzünden kendisiyle sık sık görüştüğüm çilingirimiz Bahadır'ın numarasını hep yanımda taşıyorum.

Bu unutkanlıklarına çare olarak, sarıların mutlaka yapmaları gereken işleri yazacakları bir ajandaya ihtiyaçları vardır. Ben şimdiye kadar birçok defa ajanda kullanmaya çalıştıysam da başarılı olmadım. Yani bu girişimlerim hep yarım kaldı. Çünkü ajandalarımın hepsini kaybettim!

Yeşil olan kızım Merve 7 yaşında iken, onunla konusu dinozor olan bir filme gitmiştik. O filmi seyrederken ben arka sıralardan birinde uyudum. Çünkü koltuklar çok rahattı. Film bittiğinde uyku sersemi olarak kalktım, dışarı çıktığımda kendime gelmeye çalışıyordum. O sırada bir anons duydum.

7 yaşında bir kız çocuğundan bahsediyorlardı. Kızımı hatırladım ve derhal geri döndüm; sinemanın önünde beni bekleyen kızıma sarıldım. Kızım beni göremeyince, görevlilere babasını kaybettiğini söylemiş.  Derhal ilgilenmişler ve kızıma babasının onu nerede beklediğini sormuşlar. Kızım: "Babam yanımdaydı, birlikte film seyrediyorduk..." deyince de çok gülmüşler. Bu olayı annesine söylememesi için ona kocaman bir bebek aldım. Ancak bu kitabı yazarken, bu hikaye ortaya çıkınca, aradan 7 sene geçmesine rağmen eşim, benim bu unutkanlığıma tepki gösterdi.

Dikkatsizdirler

Sarılar gittikleri adreslere, geçtikleri yollara ve bazı eşyalarını nereye koyduklarına pek fazla dikkat etmezler. Çünkü zihinlerinde yüzlerce şey vardır. Eğer yanlarında adresleri, yolları ve eşyaları koydukları yerleri onlara hatırlatacak, özellikle mavi biri yoksa büyük sıkıntı çekerler. Herhangi bir yere giderken eğer yanımda eşim varsa kesinlikle sıkıntı çekmem, çünkü o gittiği yeri bir daha asla unutmaz.

> *Sarılar gittikleri adreslere, geçtikleri yollara ve bazı eşyalarını nereye koyduklarına pek fazla dikkat etmezler. Çünkü zihinlerinde yüzlerce şey vardır.*

Büyük alışveriş merkezlerinin çok büyük ve katlı otoparkları vardır, buralara gittiğimizde eşim arabayı kaçıncı sütunun altına koyduğumuzu, hangi katta olduğumuzu ve hangi kapıdan girdiğimizi takip eder ve bu bilgileri kolaylıkla hafızasında tutar. Onunla birlikte gittiğimiz her alışverişten sonra bizi arabanın bulunduğu yere götürür ve alışverişimiz sorunsuz bir şekilde sona erer.

Yine bir defasında eşim ve kızımla beraber arabayla alışverişe gitmiştik. Benim bir işim vardı; önce eşimle kızımı alışveriş merkezine bıraktım ve işimi halledip geri döndüm, arabamı alışveriş merkezinin iki katlı otoparkına park ettim, bu esnada park yerinin numarasına ve hangi katta olduğuma hiç dikkat etmemişim.

Sonra, ailemle buluştum ve alışverişimizi bitirdik. Sıra arabaya binip eve gitmeye gelmişti ki, doğal olarak arabanın yerini bulamadım, 10 dakika kadar aradım ama yine de bulamadım. Allah'tan bacanağımla karşılaştık, bu sefer o'nun arabasıyla otoparkın iki katını da turlamaya çıktık ve arabamı aradık. Oldukça uzun bir aramadan sonra arabamızı bulduk. O günden sonra eşim yanımda olmadığında arabamı park ederken daha dikkatli davranıyorum.

Diğerlerine göre insanlara daha çabuk inanırlar

Sarıların önce harekete geçip, sonra düşünme gibi bir eğilimi vardır. Hatta sarı biri şöyle demişti: *"Önce havuza atlar, sonra havuzda su olup olmadığına bakarım!"* Herkesi kendileri gibi düşünürler. Art niyet taşımazlar. Yaşları ne kadar ilerlerse ilerlesin bir çocuk kadar masum olabilirler ve bu durum onları hiç rahatsız etmez. İnsanları çok sever ve onlara kolaylıkla inanırlar.

> *Sarıların önce harekete geçip, sonra düşünme gibi bir eğilimi vardır.*

Bir defasında vapurla Haydarpaşa'ya geçmiş ve trenle Erenköy'deki evime gitmek üzere yürüyordum. O sırada karşıdan bir adam gelerek "Merhaba hocam" dedi ve samimi bir şekilde bana sarıldı. İki yanağımdan da öptü. Ben de ona sarıldım ve öptüm. Onu seminerlerimdeki bir katılımcı zannettiğimden çok samimi davrandım. O beni kemerimden tuttu ve "Hocam bu kilolar ne?" diye sordu. Vedalaşırken yine aynı samimiyetle sarıldık, ayrıldık. İnsanların beni ne kadar çok sevdiklerini düşünüyordum, ancak tren bileti almak için elimi cebime attığımda paramın yerinde olmadığını fark ettim!

Meğer o kadar samimiyetin arkasında paramı almak varmış! Derhal kafamı kaldırdım ve hızla uzaklaşan adama baktım. Koşarak üzerine gittim ve yakasına yapıştım; adam bana paramı uzattı. Ancak ben onunla boğuşmaya başladım ve sonunda polise teslim ettim. Akşam olayı eşime anlat-

tığımda eşim "Mutlaka sen de adama sarılmışsındır ve öpmüşsündür!" dedi.

Sıkıcı ortamların havasını değiştirmekte ustadırlar

Bu heyecan verici özellikleri, yaptıkları her şeyi ustaca yapmalarından kaynaklanmaktadır. Normal şeyleri, sıra dışı gibi yansıtırlar. Coşku dolu oldukları için diğer insanların konuya ilgisini çeker ve onları da teşvik ederler. Hatta bu sebeple etraflarında onların başlattıkları bir işe katılmak isteyen çok sayıda gönüllü görebilirsiniz. Onların bu motive etme şekli, anlaşılmayan liderlik biçimlerinden kaynaklanmaktadır.

Bir gün Kastamonu'yu Kalkındırma Derneği'nden bir seminer teklifi alarak Kastamonu'ya gittim. Orada bir motivasyon semineri verecektim. Sabahleyin Kastamonu'yu Kalkındırma Derneği başkanı ve iki yardımcısı gelerek beni kahvaltıya davet ettiler. Sonra tam 1,5 saat bana Kastamonu ekonomisi hakkında bilgiler verdiler. Buna bir anlam verememiştim. Akşam seminerden önce vali yardımcısı ve şehrin ileri gelenleri ile birlikte yemek yiyorduk.

Vali yardımcısının yanındaki birisi bana; "Oğuz Bey, Türkiye'nin ekonomisi hakkında ne düşünüyorsunuz?" diye sordu. Ben cevabı gazete bilgilerine göre verdim. Bir diğer kişi ise; "Oğuz Bey, dolar ne kadar yükselir?" diye sordu. O zaman beni bir iktisatçı olarak tanıdıklarını farkettim. Yemekten sonra salona geçtik. Salon yarısına kadar kaymakam, belediye başkanı, ilçe başkanları ve emniyet müdürleri ile doluydu. Özellikle ön sıradaki komutan bana çok ciddi bir şekilde bakıyordu. Onlar benden Kastamonu'yu kurtarmamı istiyorlardı, bense onlara motivasyon semineri vermek için gelmiştim.

İktisat ciddi bir konuydu ve sarı kişilikli biri olarak bana hiç uymuyordu. Salona hâkim olmam ve onların gülümsemelerini sağlamam gerekiyordu. Komik bir hikâye ile seminere başladım. Ancak hiç kimse gülmedi, çünkü onlar ciddi bir iktisat konuşması bekliyorlardı. Anlattığım ikinci hikâye daha komikti ancak komutan ve vali yardımcısı buna da hiç gülmedi. Salon sessiz bir biçimde beni izliyordu. Üçüncü fıkradan da bir sonuç alamayınca, salonun arka taraflarında oturan ve beni çok iyi tanıyan halkın içinden kişilere, "Bu salonda benim kitabımı okuyan var mı?" diye sordum. Salonun arka kısmından birçok parmak havaya kalktı, daha sonra kitabımı okuyarak kimlerin hayatında bir değişiklik olduğunu sorduğumda beş kişinin parmağı havada kaldı. Her birini önce konuşturdum ve sonra tüm salona alkışlattım. Bu beş kişiyi herkes alkışlamıştı. Salona pozitif bir hava yayılmıştı. Artık sarı kişiliğimin gereği insanlara coşkulu bir seminer verebilirdim.

Seminer bittiğinde herkes çok mutluydu. Başkan ve iki yardımcısı beni otobüse kadar geçirdiler. Tam otobüse binerken başkan "Oğuz Bey anlattıklarınız çok güzeldi ancak ekonomiden hiç söz etmediniz..." deyince ben "Sayın başkanım onu da bir dahaki sefere anlatırım..." dedim ve otobüse bindim.

Hazır cevaptırlar

Sarıların hayal dünyaları çok geniştir. Mizah ve espri, kişiliklerinin mayasında vardır. Onları sürekli olarak fıkralar ve esprilerle etrafındaki insanları eğlendirirken görebilirsiniz. Zekâlarını pratik olarak kullandıklarından dolayı esprili cevaplar vermek konusunda diğer insanlara nazaran çok daha yeteneklidirler. Bu yetenekleri onları her türlü soruya rahatlıkla cevap verebilen hazır cevap bir kişi yapmaktadır.

> *Zekâlarını pratik olarak kullandıklarından dolayı esprili cevaplar vermek konusunda sarılar diğer insanlara nazaran çok daha yeteneklidirler. Bu yetenekleri onları her türlü soruya rahatlıkla cevap verebilen hazır cevap bir kişi yapmaktadır.*

Ülkemizin ilk tiyatro oyuncularından İsmail Dümbüllü sahnede doğaçlama konuşmalar yapar ve seyirciyle iyi bir diyalog kurarmış. Seyircilerin sataşmalarına verdiği cevaplar herkesi çok güldürürmüş.

Bir gün sahnedeyken bir seyirci sahneye salatalık atar. İsmail Dümbüllü salatalığı eline alır, seyircilere döner ve şöyle der:

"Biri kartvizitini gönderdi."

Bir keresinde, Zonguldak'ta verdiğim bir seminerde, hedef belirleme ve o hedeflere ulaşmak için planlar yapmanın gerekliliğinden bahsediyordum. Bir dinleyici ayağa kalktı ve "Hocam, adam hayallerini kurdu, hedeflerini belirledi, hedeflerine ulaşmak için gerekli planları da yaptı; fakat bir süre sonra öldü. O zaman ne olacak?" dedi. Ben de "O adam eksik hedef belirlemiş. O kişinin öbür dünya için de hedefleri olması gerekiyormuş..." dedim. Salonda seyirciler bir yandan gülerken, bir yandan düşünüyorlar ve bu cevabı çılgınca alkışlıyorlardı.

Çocuk ruhludurlar

Bu neşeli kişiler daha çocukken ilgi odağı olmuştur ve bu özelliklerini hiçbir zaman kaybetmemek için içlerindeki çocuğu kaç yaşına gelirse gelsinler hep ortaya çıkarırlar.

Bir gün Sultanahmet Meydanı'nda imza günüm vardı. Arabayla Sultanahmet'e geldik. İçeri araba girmediğinden kalan yolu yürüyerek gitmek zorunda kaldık. Yol üzerinde de çeşitli yiyecekler sıralanmıştı. Yürürken sarı olan asistanımın gözüne birden güzel bir profiterol ilişmiş. "Hocam şunu görüyor musunuz?" dedi. Derken kendimizi birden profiterol yerken bulduk!

Her zaman parlak fikirleri vardır

Yeni şeyler üretmeyi iyi bilirler. Her yeni gün ve her olay için renkli fikirleri vardır. Diğer kişilik türlerine sahip olanlara göre her iş için etkileyici bir alternatif bulurlar. Her zaman yeni fikirler ve sürprizlerle ortaya çıkarlar.

İstanbul Büyükşehir Belediyesi'nin üst düzey yöneticilerine eşleriyle birlikte Ilgaz Dağları'nda güzel bir tesiste seminer vermiştim. Aileler yanlarında çocuklarını da getirmişlerdi. Tesiste bir hafta kalacak, hem eğitim alacak hem de eğleneceklerdi.

Aykut Açkalmaz'la birlikte çocuklar için de bir eğitim planladık. Çocuklara hafıza eğitimi verdik, ilginç oyunlar ve bir tiyatro oyunu öğrettik. Son günün akşamı bir çocuk balosu yaptık. Rengarenk süsler ve balonlar arasında çocuklar mükemmel bir gösteri sundular. Aykut'la ikimiz balo salonuna palyaço kıyafetleriyle girdiğimizde katılımcılar çok şaşırmışlardı. Gösteri sonunda konuşan daire başkanlarından biri eğitimler konusunda şöyle söyledi: "Hocam, biz burada çocuklarımızın ne kadar kabiliyetli olduklarını gördük." Ben eğitimlerimde sürekli olarak aile içi etkili iletişimden ve erkeklerin eşlerine karşı daha nazik olmalarından bahsetmiştim, gösterinin sonunda konuşan başkanlardan birinin söylediği söz herkesi çok güldürdü. Başkan şöyle demişti: "Bu seminerlerden sonra hepimiz 'light erkek' olmayı öğrendik!"

İkna edicidirler

Sarıların sıcak ve samimi tavırları, karşı tarafın önce yumuşamasını sonra da onunla diyalog kurulacak ortamın oluşmasını sağlar. Bu kişiler sıcak bir tebessümle asık suratlı bir insanla bile iletişim kurmayı başarırlar. Herhangi bir konuyu veya bir problemi öyle ya da böyle bir şekilde sonuca bağlarlar.

"Her sorun bir fırsattır" varsayımını birçok seminerimde dile getiriyordum. Bir gün bu gerçek oldu. Yolda giderken eşimden bir telefon geldi. "Hemen eve gel, senin için bir fırsat var!" der gibiydi. Eve gittiğimde beni bekleyen fırsat, iki icra memuruydu! Bir arkadaşıma kefil olmuştum, o borcunu ödeyemeyince şirketin avukatları parayı benden almak için gelmişlerdi. O günlerde ekonomik durumum çok iyi değildi ve bu parayı ödeyebilecek durumda değildim. Ama onları ikna edebileceğimi biliyordum. Her ikisine de "**Negatif Limanlardan Pozitif Sulara**" adlı kitabımı hediye ettim. Kitabı incelediler ve bana kitapla ilgili birkaç soru sordular. Bunun üzerine yarım saat kadar konuşmamı dinlediler. Niçin geldiklerini unutmuşlardı. Sonra borcumu ödeyebileceğim şekilde taksitlere böldüler. Bu kadarla da kalmadı. Bir müddet sonra o şirketin genel müdürlük binasında çalışanlara seminer veriyordum!

İnsanlarla çabuk kaynaşıp arkadaş olurlar

Sarılar çabuk kaynaştıklarından dolayı çok çabuk arkadaş edinirler. Onlar otobüste bile kendilerine arkadaş bulan tiplerdir. Ama ne yazık ki, o konuda da unutkandırlar. Onların birçok arkadaşı olsa bile, bir hafta içerisinde en az on kişiyi arayacaklarını söyleyip, o sırada başkalarını tanıyıp diğerlerini unutabilirler. Mesela, ertesi gün için üç kişiye söz verebilirler; ancak sabah ilk karşılaştıkları insan ile günlerini geçirirler. Bundan dolayı da genellikle kendilerine gelen telefonlar sitemlerle doludur. Bir de işlere hemen gönüllü olurlar.

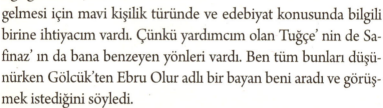

Ama bunların da sadece bir kısmını hatırlar ve yerine getirirler.

Elinizdeki kitabın yazımının bittiği günlerde, kitabın son haline gelmesi için mavi kişilik türünde ve edebiyat konusunda bilgili birine ihtiyacım vardı. Çünkü yardımcım olan Tuğçe' nin de Safinaz' ın da bana benzeyen yönleri vardı. Ben tüm bunları düşünürken Gölcük'ten Ebru Olur adlı bir bayan beni aradı ve görüşmek istediğini söyledi.

Kitabımla çok fazla meşgul olduğum ve kitabı son haline getirmek için arkadaşlarla beraber bulunduğum için Ebru'ya, fazla gönüllü olmadan "görüşebiliriz" dedim. Biz arkadaşlarla kitabı son haline getirmeye çalışırken Ebru Hanım bulunduğumuz yere geldi. Kendisiyle kısa bir görüşme yaptık. On dakika içinde Ebru Hanım kendisini toplantı masasında bizimle çalışır halde bulmuştu!

İşleri kolay yoldan halledecek parlak fikirleri vardır

İşleri başlatan, parlak fikirler sunan kişiler olmalarına rağmen işleri bitirmek için başka insanların yardımına ihtiyaçları vardır.

Çelik kralı Andrew Carnegie sarı kişilik türünde bir iş adamıymış. Küçükken hayvanlarla vakit geçirmeyi çok seven Carnegie'nin çok sevdiği tavşanları varmış. Bir gün tavşanlardan birinin yavruları olur. Bütün yavruların yemini temin etmek zor bir iştir. Bunun üzerine Andrew Carnegie arkadaşlarına, kim bir yavruyu beslerse tavşan yavrusuna o kişinin istediği ismi verebileceğini söyler. O günden sonra tavşan yavruları hiç aç kalmaz. Çocuklar tavşan yavrularına isim koyabilmek için bol miktarda yiyecek taşırlar!

Sorunlara ilginç çözümler bulurlar

Sarılar sorunlarla karşı karşıya kaldıklarında zihinleri herkesten farklı çalışır. Buldukları çözümlerse çoğunlukla pratik ve ilginçtir. Sorunlarına çözüm ararken aynı zamanda eğlenmeyi de ihmal etmezler.

Erzurum'da Atatürk Üniversitesi'nde eğitim veren eski bir dostum olan Nurullah Hoca'mızın başından geçen bir olay buna güzel bir örnektir. Sınıfta Hüseyin adlı son derece haylaz ve her dersi kaynatmaya çalışan sarı kişilikli bir öğrencisi vardır. Ancak hocamız da sarıdır ve bir gün aklına parlak bir fikir gelir. Hüseyin her zamanki gibi derste konuşurken onu yanına çağırır ve der ki: "Hüseyin sana bir soru soracağım. Eğer bu soruyu bilirsen artık benim dersimde istediğin kadar konuşabilirsin ama soruyu bilemezsen bir daha dersimde hiç ağzını açmayacaksın." Hüseyin teklifi kabul eder ve hoca soruyu sorar: "Bir inek sürüsü bir derenin kenarından geçerken derenin diğer tarafında ot olup olmadığını merak etmişler. Aralarından bir ineği derenin diğer tarafına ot olup olmadığına bakması için göndermişler. Karşı tarafa geçen inek ot varsa başını sağa doğru, ot yoksa sola doğru sallayacaktır. Seçilen inek derenin karşısına geçer ve araştırmasını yaptıktan sonra başını arkadan öne doğru sallar." Bu hikayeyi anlattıktan sonra hoca Hüseyin'e sorar:

"Söyle bakalım Hüseyin, niçin bu inek başını arkadan öne doğru sallamış?"

Hüseyin epeyce düşündükten sonra "Hocam ben o ineğin niye öyle yaptığını anlayamadım..." der. Hoca derhal cevabı yapıştırıp; "Merak etme Hüseyin, öbür inekler de bunu anlayamamış!" deyince sınıfta büyük bir kahkaha kopar ve Hüseyin o günden sonra devam mecburiyeti olmayan hocanın dersine giremez. Çünkü arkadaşları onu her gördüklerinde inek sesi çıkararak selamlıyorlardır.

Çok meraklıdırlar

Bu kişiler olayların arkasındaki gerçekleri merak ederler. Çünkü sürprizlere ve ilginç olaylara her zaman hazırdırlar.

Uzun yıllar masa tenisi sporuyla meşgul oldum. Ekibimiz tamamen sarılardan oluşmuştu. Biz tam 4 kişiydik ve her gittiğimiz yerde ken-

dimizi belli ederdik. Adana'da yapılan bir şampiyonada bir müsabaka sonrası Adana'nın en güzel lokantalarından birinde yemek yiyorduk.

Yemekler çok lezzetliydi. Ancak biz garsonların büyük bir tepsi içerisinde taşıdıkları beyaz renkli şeyin ne olduğunu anlayamamıştık ve hepimiz merak içerisindeydik. Bunun Adana'nın özel bir yemeği olduğunu düşünüyorduk. Garsonlardan birini çağırdık ve tepsi içerisindeki o beyaz renkli yemekten istediğimizi söyledik. Garson hangi yemeği istediğimizi anlayamadı. Biz kendisine başka bir garsonun elindeki tepsiyi ve onun içindeki beyaz renkli yemeği gösterdik. Garson önce gösterdiğimiz yere doğru baktı, sonra kahkahalarla gülmeye başladı. Neden güldüğünü sorunca bize şöyle cevap verdi:

"Beyefendi onlar yemek değil. Yemekten sonra müşterilerimizin ellerini yıkaması için masalarına götürdüğümüz köpüklü sabun."

Garson bize hangi şehirden geldiğimizi sorduğunda İstanbul'dan geldiğimizi söylemekte zorluk çektik!

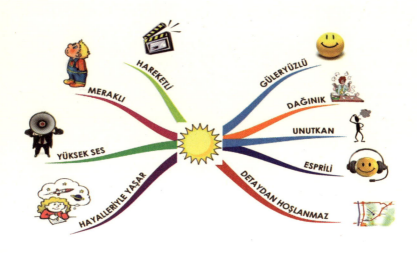

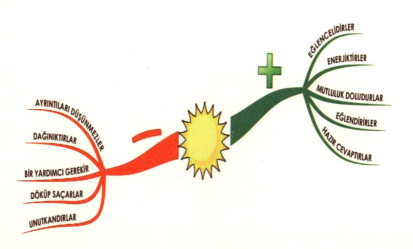

Mavi Kişilik

Mükemmeliyetçi, düzenli, planlı, programlıdır
Ayrıntı düşkünüdür, dosyalar bile numaralıdır
Onlar için her şey zamanında titizce olmalıdır
Duygularını saklar mantık ağırlıklıdır

Yaratılışta nazik, hassas, kibar tiplerdir
Hasta olmamak için aşırı tedbirlidir
Misafir gelecekse önceden haberlidir
Detayları düşünür, her şeyi bilmelidir

Onları herkes sever, idealist olurlar
Kusurları görür, dostça uyarırlar
Biraz rahat olsalar, mutluluğu bulurlar
Önce planlar, sonra hedefi vururlar

Görünüşte şık giyimli, bakımlıdır
Şüpheci yapıda, içine kapanıktır
İşinde dikkatli ve aşırı duyarlıdır
Kültürlü, yetenekli, insan odaklıdır

Elementi topraktır, sularla şenlenir
Her türlü zenginlik yerinde işlenir
Maviler harmanlansa bereketlenir
Onlarla hedefe güvenle gidilir

Mükemmeliyetçi olduklarından genellikle ideal öğretmenler olurlar. Fakat bazen konuşmalarında uygun sözcüğü bulmak için lafı dolaştırıp dururlar. Doğru kelimeyi bulduklarında ise karşısındaki insan ondan daha fazla rahatlar.

> *Maviler mükemmeliyetçi olduklarından genellikle ideal öğretmenler olurlar.*

Duruşları, üst başları ve her şeyleriyle çok düzenlidirler. Düzen ve uyum içinde görünürler.

Maviler kurallara çok bağlıdırlar. Ancak kendileri için koydukları çok fazla kuralın içinde bazen kendileri de boğulabilirler.

Çalışma ortamlarına gelince, tam anlamıyla mükemmel ve profesyonel görünürler. Dosyaları ve çekmeceleri tertiplidir. Dosyaları genellikle numaralı, isimlenmiş, yazıcıdan etiketlenmiş ve her biri renklerle sınıflandırılmıştır.

Bu kişilerin her şeyi planlı programlıdır. Kuaföre gidiş saatlerinden alışveriş saatlerine kadar her şey belirlenmiştir. Genellikle bir toplantıya vaktinde gelip geç çıkarlar. Çünkü öğrenmek isteği konuyla ilgili detaylar henüz bitmemiş olur.

Bunun dışında bu kişiler hesaplı kitaplı tiplerdir. Hatta bunu da bazen abartırlar.

Masalarındaki yüz dosyadan birine bir şey olsa hemen fark ederler ve bununla ilgili olarak da en çok çevrelerindeki sarıları suçlarlar.

Hassas insanlardır. Diğerlerine nazaran daha kolay depresyona girebilirler. Çevreye ve hayata verdikleri mesajları "Bana karşı anlayışlı olun." şeklindedir.

Strese tepkileri ise kabuğuna çekilme, bir kitaba dalma, vazgeçme şeklinde olur.

Ayrıntılar konusunda müşkülpesenttirler. Son derece titiz standartları, genellikle iltifat ve takdir sözlerini pek az kullanmalarına yol açar. Bu durum bazen moral bozucu olabilir. Mavi olan bir amir, sürekli olarak sarı olan çalışanlarının düzensizliğinden şikayet eder.

Çoğu zaman karar vermede büyük sıkıntılar yaşarlar. Tek başlarına veya sadece birkaç kişiyle birlikte olmaktan hoşlanırlar. Fazla el kol hareketi yapmazlar. Konuştuklarında ses tonları alçaktır. Konuşma hızları düşüktür ve seslerinde çok az tonlama vardır.

Duygularını açıkça ortaya koymazlar. Mantık ağırlıklıdırlar, heyecanları ve duyguları ölçülüdür. Bu insanlar bir çatışma sırasında sakin ve akılcı olabilirler.

Kuralcı olduklarından kolay kolay değişmek istemezler. Mavilerin bazı özellikleri şöyledir:

Mükemmeliyetçidirler

Her şeyin kusursuz ve mükemmel olmasını isterler. Yaptıkları her işte titizdirler. Detaylara aşırı derecede önem verirler, işlerini ciddiye alırlar ve etraflarındaki insanların da bu şekilde olmasını isterler. Yapacaklarsa en iyisini yapmak, onların düşünce tarzıdır. Başkalarının dikkatini bile çekmeyen küçücük detayları çok fazla önemserler. Görünümün estetik olması için ellerinden geleni yaparlar. Bu konuda en güzel örneklerden biri de şiirlerinde mavi kişiliğinin mükemmeliyetçi yönünü çok güzel bir şekilde sergileyen Yahya Kemal Beyatlı'dır.

> *Yaptıkları her işte titizdirler. Detaylara aşırı derecede önem verirler, işlerini ciddiye alırlar ve etraflarındaki insanların da bu şekilde olmalarını isterler.*

Bir gün genç bir delikanlı Yahya Kemal Beyatlı'ya gelerek, "Üstat ben ya ressam ya da şair olacağım. Henüz bir karar veremedim. Kararımda bana yardımcı olur musun?" der.

Yahya Kemal Beyatlı delikanlıya "Resimlerin ve şiirlerin yanında mı?" diye sorar. Delikanlı;

"Şiirlerim yanımda" der ve Yahya Kemal Beyatlı'ya gösterir.

Yahya Kemal Beyatlı şiirleri okuduktan sonra delikanlıya şöyle der:

"Sen ressam ol evladım." Delikanlı şaşırır ve "Ama daha resimlerimi görmediniz ki?" der.

Yahya Kemal Beyatlı cevap verir: "Ama şiirlerini gördüm..."

Daima tedbirlidirler

Her türlü olası tehlikeye karşı tedbirlidirler. Birkaç dakika içinde girdikleri ortamların risk değerlendirmesini yapar, acil durum planı bile tasarlarlar. Doğalgaz, deprem, kapı kontrolleri, hırsızlıklar gibi felaketlere karşı gerekli hazırlıkları vardır. Bunun için sigortacılarla anlaşma imzalayabilirler.

Mamullerin, ilaçların son kullanma tarihine de maviler çok dikkat ederler.

Bir gün çikolata almıştım. Meğer küflüymüş. Bunu epeyce yedikten sonra fark etmiştim. Ama iş işten geçmişti. Allah'tan hiçbir şey olmadı. Fakat işin ilginç yanı bundan benim gibi sarı olan arkadaşım Haydar ağabeyin de yemesi idi. İkimiz de sarı olduğumuz için kontrol etmeden yemiştik. Mavi bir kişi ise bunu incelemeden asla yemezdi.

Benim mavi olan eşim ürünlerin son kullanma tarihine çok dikkat eder. Evimizdeki ilaçların son kullanma tarihlerine bakmak eşimin görevidir. O kontrol eder, biz de kullanırız.

Her zaman kurallardan yana olurlar

Her zaman kurallara uyan kişilerdir. Ayrıca kendileri kurallar koyarlar, ancak bu kurallar hem kendilerini hem de diğer kişilik türlerindeki insanları bazen sıkıntıya sokabilir. Başkalarının kurallara karşı vurdumduymaz tavrı onları hayrete düşürebilir. Onlar için hayat bir kurallar bütünüdür.

> *Kurallar koyarlar, ancak bu kurallar hem kendilerini hem de diğer kişilik türlerindeki insanları bazen sıkıntıya sokabilir.*

Trafikte kuralları "Sarıda dur, kırmızıda kesinlikle dur!" şeklindedir. Bunu "Sarıda geç, kırmızıda dikkatli geç..." şeklinde değiştiren bazı sarılara çok kızarlar.

Ahmet Necdet Sezer mavi kişilik türündeki cumhurbaşkanlarına en güzel örnektir. ABD başkanıyla görüşmesi olsa bile kırmızı ışıkta makam arabasını durdurur ve bekler. "Anayasa'yı bir kere delsek ne olur?" diyen Turgut Özal'ın aksine her türlü kanunun anayasaya uygun olmasına haddinden fazla titizlikle dikkat eder.

Bilgi işlem sorumlumuz Ümit Bey tipik bir mavidir. Bir gece saat ikide yanında sarı bir arkadaşı ile giderken kırmızı ışıkta arabayla durup beklemişler. Arkadaşı "Ümit Bey, niye bekliyorsunuz? Etrafta araç bile yok." dediğinde "Ben 40 yıldır trafik kurallarına aykırı hareket etmedim, asla kurallara aykırı hareket etmem." diye cevap vermiş.

Yine bir gün bowling oynuyordum. Yanımda da mavi kişilik türünde bir oyuncu vardı. Ben oyunuma devam ederken dayanamayıp bana yaklaştı. Atışlarımı yaparken topu tutuş şeklimi görmüş ve topun doğru tutulma şeklini göstermek istemişti. Benim için çok önemli değildi. Onun rahatlamasını sağlamak için dediğini yaptım.

Derli toplu ve düzenlidirler

Onlar için her şey yerli yerinde olmalıdır. Hayatlarında bir intizam olsun isterler. Kullandıkları eşyaların yerli yerinde durmasına ihtiyaç duyarlar. Her eşyanın yerleştirileceği bölümler işaretlenmiş ve gruplandırılmış haldedir. Kaybettiklerinde veya izinsiz olarak eşyalarına dokunulduğunda rahatsız olurlar. Kendilerine ait mekânlar onlar için çok önemlidir. Sokakta yürürken bile bir başkasının attığı çöpten rahatsız olup bunu kaldırabilirler.

Bu kişilerin cüzdanlarına baktığınızda her şeyin doğru düzgün ve düzenli olduğunu görebilirsiniz.

Oysa sarıların cüzdanı karmakarışıktır. Mesela benim ceplerimde işe yaramayan bir sürü evrak olur. Onları düzenleme enerjisini de kendimde bulamam.

Tanıdığım mavi kişilik türünde birisi vardı. Gece yatmadan evvel iki terliğini simetrik olarak yan yana koymadan uyuyamazdı. Mutlaka ikisi de düzgün duracaktı! Bunun aksi bile onu sinir etmeye yeterdi.

Yakından tanıdığım sarı bir kişinin mavi eşi bir gün çok rahatsızlanmış, yataktan kalkamıyormuş. Adamcağız hanımına "Gel seni doktora götüreyim." demiş. Ancak hanımının gidecek hali yokmuş. Bunun üzerine eşi hanımının tansiyonunu ölçmesi için üst katlarındaki bir teyzeyi çağıracağını söyleyince mavi kişilik türündeki hanımı paniklemiş ve "Bir dakika..." deyip yatağından kalkarak etrafı toparlamaya başlamış.

> *Maviler sokakta yürürken bile bir başkasının attığı çöpten rahatsız olup bunu kaldırabilirler.*

Seminerlerimden birinde katılımcılardan biri bir kutu çikolata getirmişti. Çikolata kutusunu açarak bütün katılımcılara dağıtmak istedim. Kutuyu açıp çikolataları gördüğümde ters taraftan açtığımı anladım. Çikolataların hepsi ters dönmüştü. Çikolata kutusu bir müddet öylece masanın üzerinde kaldı. Mavi olan Zerrin Hanım çikolataların ters durmasına dayanamadı ve şöyle dedi: "Hocam ne olursunuz şu çikolata kutusunu tersine çevirir misiniz?"

Olayların olumsuz yönlerini görüp kaygılanırlar

Diğer kişilik türlerindeki insanlardan farklı olarak hayata toz-pembe bakmazlar, daha derin düşünceli ve karamsardırlar. Diğer insanların, özellikle sarıların fazla önem vermediği bazı davranışlara incinir, alınırlar. Olumsuz bir eleştiri veya kötü sözün bütün gün tesirinde kalıp kafalarına takarlar ve "neden böyle söyledi" diye düşünürler. İçlerine atarlar.

Hayata çok iyi bakamamalarının sebebi ise riskleri hesap eden mükemmeliyetçi bir yapılarının olmasından kaynaklanır. Hatta bunu bazen çok abartırlar. Abarttıklarında da gastrit, ülser ve baş ağrısı gibi hastalıklar onları bekler. Anlatacağımız hikâye bunun çok güzel örneklerindendir:

İki ortaktan biri, uzun bir burna sahip olduğundan burnuyla ilgili ciddi kompleksleri vardır. Diğer ortak uzun burunlu arkadaşını yemeğe davet eder. Adam eve gider ve mavi olan eşine "Yarın akşam ortağım eve yemeğe gelecek, lütfen burunla ilgili bir söz söyleme!" der.

Kadıncağız ertesi günün endişesiyle uyuyamaz. Burun olayını kendisine dert eder. Ertesi gün akşama kadar hazırlık yapar. Her şey mükemmel olmalıdır. Fakat burun konusundaki endişelerini ve sıkıntılarını içinden atamamıştır. Akşam olur, misafir eve gelir. Kadın, kendi telaşından ve dikkatli olma düşüncesinden dolayı büyük bir stres yaşamaktadır. O sırada küçük kızları adamın karşısında oturmakta ve sürekli onun burnuna bakmaktadır. Kadın çay servisini yaparken kızının muzur bir şekilde güldüğünü görünce telaşlanır. Hemen onu odasına gönderir. Tam o sırada çay için şeker hazırlamadığını görür. Ve derhal şeker kasesini eşinin ortağına uzatarak şöyle der: "Burnunuza şeker alır mısınız?"

> Maviler, diğer kişilik türlerindeki insanlardan farklı olarak hayata tozpembe bakmazlar. Daha derin düşünceli ve karamsardırlar.

Planlı, programlı tiplerdir

Planlama onların sloganıdır. Ayrıntılı kayıtlar tutarlar, detayları önemserler. Organizasyona düşkündürler. En iyiyi onlar yapar. Çünkü her işin en ince ayrıntısına kadar mükemmel olmasına çalışırlar. Düğünlerde, partilerde, toplantılarda, dekor ve ikramdan fiyatlara kadar her şeyle ilgilenirler. Plan ve programlarından taviz vermezler. Başkalarının plansız hareketlerini yadırgayabilirler.

Benim tavsiyem, böyle bir kişinin evine kesinlikle "çat kapı" gitmemenizdir. Gitmeden önce mutlaka haber verin. Çünkü onlar her şeyin planlı yapılmasını ve önceden programlanmasını isterler. Tabi derli toplu olma isteklerini de unutmamak gerekir.

Seminerlerimden birinde tanıştığımız Rüçhan Bey anlattığım konulara çok ilgi duydu ve seminer aralarında benimle birçok çalışmasını paylaştı. Planlı, programlı, son derece bilgili, uzun yıllar üst düzey yöneticilik yapmış mavi kişiliğe sahip biriydi. Benim anlattıklarımla yaşadıkları arasında yakın bir ilişki kurmuştu. Seminer sonunda kendisinin de bir kitap çalışması olduğunu, bunu birlikte yazıp yazamayacağımızı sordu. Konu liderlikti. Ben olabileceğini söyledim ve birkaç gün sonra bir kafede buluşmayı kararlaştırdık. Ben buluşma saatinden önce kafeye geldim ve onu beklemeye başladım. Elimde yazacağımız kitapla ilgili üç-dört sayfalık not vardı. Bir müddet sonra Rüçhan Bey de büyük bir bavulla içeri girdi. Ben onu bir seyahate gidecek sandım. Selamlaştıktan sonra bavulunu bir masaya koydu ve içinden liderlikle ilgili birçok kitap çıkardı. Masanın üstü dolmuştu, ancak bavulun yarısı boşalmıştı. Bavulun diğer yarısında ise liderlikle ilgili ingilizce kitaplar vardı. Diğer bir masaya da onları koydu. Benim yanımda ne getirdiğimi sorduğunda yapacağımız görüşmeden sonra dokümanlarımı getireceğimi söyledim. Yaptığımız görüşme sonucunda eğer mavi olan Rüçhan Bey'le bir liderlik kitabı yazmaya kalkarsak bunu ancak beş senede bitirebileceğimizi anlamıştım.

Detaycı insanlardır

Başkaları için hiç önemli olmayan detaylar onlar için çok önemlidir. Onlar için her şeyin bir sırası ve prosedürü vardır. Bunlara uyulmadığında çok sinirlenirler.

"Ya Bir Yol Bul Ya Bir Yol Aç Ya da Yoldan Çekil" adlı kitabıyla yazarlık hayatına atılan ve daha sonra yazdığı kitaplarla okuyucularının beğenisini kazanan Mümin Sekman her şeyini planlı, programlı ve düzenli yapan mavi kişilik türünde bir yazardır. Mümin'in tertip ve düzenine hep imrenmişimdir.

> *Başkaları için hiç önemli olmayan detaylar, maviler için çok önemlidir. Onlar için her şeyin bir sırası ve prosedürü vardır. Bunlara uyulmadığında çok sinirlenirler.*

Bir keresinde Mümin Sekman, Merzifon'a bir seminere gitmişti. Bir ay sonra da oraya ben gittim. Seminerden sonra semineri düzenleyen arkadaşlarla bürolarında oturuyorduk. Otobüsümün kalkmasına 15 dakika vardı. Herkes etrafta telaşla bir şeyler arıyordu. Onlara ne aradıklarını sorduğumda, bana seminer ücretini koymak için uzun bir zarf aradıklarını söylediler. Çok şaşırmıştım. "Ne gerek var?" dediğimde bana şöyle cevap verdiler:

"Hocam geçen ay Mümin Sekman geldi. Biz seminer ücretini onun eline verdik. Bize seminere gelen bir eğitimciye ücretini bir zarfın içine koyarak; üzerine de ismini yazarak vermemizi söyledi. Bu yüzden biz de sizin seminer ücretinizi içine koymak için uzun bir zarf arıyoruz."

"Buna gerek yok..." dedim ve zarfsız olarak parayı aldım.

Daha sonra Mümin'e bunu anlattığımda bana şöyle dedi:

"Ben adamları eğitmek için o kadar uğraştım. Sense her şeyi berbat ettin!"

Meraklıdırlar, araştırmaya yöneliktirler

Bu merakları, sarılar gibi daldan dala ve her şeye atlayan cinsten değildir. Onların merakları daha ciddi konulara yöneliktir. Her şeyin en kazançlı, en kaliteli ve en uygun yönlerine bakarlar. Onların merakları hiçbir şeyin gelişigüzel olmamasıyla ilgili detaylardır. Öğrenmeyi, keşfetmeyi seven yapıları nedeniyle duydukları yeni kavramları araştırmaya koyulurlar.

Bir medya firmasında çalışan Mustafa Bey de tam bir mavi idi. Son derece düzenli bir insandı. Bir gün bana "Oğuz Bey, arabanızın deposunu kaça dolduruyorsunuz?" diye sordu. Ben kendisine bilmediğimi söyledim. Çünkü bunca senedir benzin aldığım halde hiç dikkat edip de hesaplamamıştım. Bunun üzerine Mustafa Bey, önce depomun kaça dolacağını ve bu depoyla kaç kilometre gidebileceğimi söyledi. Arkasından "Siz galiba şimdiye kadar hiç deponuzu doldurmadınız Oğuz Bey." dediğinde ben çok şaşırmıştım. Evet, gerçekten depomun kaça dolduğunu ve tam depo ile kaç kilometre gidilebileceğini bilmiyordum.

"-meli, -malı" gibi ekleri fazlasıyla kullanırlar

Olayların hiçbir zaman gelişigüzel olmadığını düşünür ve her şeyi nedenlere dayandırırlar. Yapılacak her işin de bir amaca yönelik olması gerektiğine inanırlar. Mavilerin en çok kullandıkları, "yapmalıyım, bitirmeliyim" gibi sözcüklerdir. Bu kelimeleri daha az kullandıkları takdirde çok daha mutlu olabilirler.

> *Mavilerin en çok kullandıkları, "yapmalıyım, bitirmeliyim" gibi sözcüklerdir. Bu kelimeleri daha az kullandıkları takdirde çok daha mutlu olabilirler.*

Danışmanlığını yaptığım Fatma Hanım, 30 yaşlarında tipik bir mavi idi ve anne-babasıyla birlikte yaşıyordu. Babası sarı kişilik türünde ve son derece rahat biriydi. Bu bayan, babasının çamurlu ayakkabılarla eve gelmesinden ve lekeli elbiselerle dolaşmasından çok sıkıntı duyuyordu. Evdeki her şeyin derli toplu ve düzenli olmasını istiyor, bunlar istediği gibi olmayınca da geriliyordu. Kendisini sıkıntıya düşürenin yine kendi koyduğu birçok kural olduğunu söyledim ve bunları kaldırmasını istedim. Birkaç seans sonra iyice rahatlamıştı. Bana yazılı olarak getirdiği kâğıtta şunlar yazıyordu:

1. Babamın mutfak lavabosunda elini yıkamasına kızmadım.

2. Banyo küvetini kirletmesine ses çıkarmadım.

3. Katıldığım seminerlerden sonra eve gidince ilk defa kendimi hiç eleştirmedim.

Daha sonraki seanslarda bu kuralları kaldırma işlemi devam etti ve Fatma Hanım şu anda eskisinden çok daha mutlu bir hayat sürüyor.

Riskleri önceden görürler

Daha bebekken her şeyi izlemeye başladıklarından, olayların perde arkasını da görebilirler. İnce ve derin düşünce yapıları diğer renklere oranla, riskleri fark etmelerine yardımcı olur ve bir konuda araştırma yapmadan karar vermezler. Yarını bugünden düşünür, olayları gerçekleşmeden önce tasarlar ve değerlendirirler. Karşılaşacakları olaylar hakkında zihinlerinde en azından bir tane fikir vardır.

Kendisiyle çalıştığımız mavi kişilik türünde Ümit Bey, bir seferinde, kırmızı-sarı kişiliğe sahip olan eğitim koordinatörümüz Nurhan Hanım ile bana "Siz sakın diz üstü bilgisayar almayın, düşürür ve kırarsınız!" demişti.

Bir defasında, Nurhan Hanım ve eğitim verdiğimiz şirketin genel müdürü ile bir seminer takibi için Arnavutluk'a gidiyorduk. Genel müdür pasaport kontrolünden geçmek için sıra beklerken dizüstü bilgisayarını Nurhan Hanım'a verdi. Ancak Nurhan Hanım kaza ile notebooku yere düşürdü. Çanta çok sağlam olduğundan notebooka bir şey olmamıştı. Ümit Bey haklıydı! Mavi kişilikli biri olarak riski önceden sezebilmişti.

Ciddi ve ağırbaşlıdırlar

Maviler gürültüyü, boş lafı ve kargaşayı sevmezler İlişkilerinde mesafeyi ve ciddiyeti benimserler. Eğlenirken bile mesafeli olunmasını isterler. Kendileri de saygıyı en iyi şekilde sunarlar. Sessizliği, yalnızlığı severler. Sıkıntılı zamanlarında yakınların desteğine hep ihtiyaç duyarlar. Başkalarını heyecanlandıran ve eğlendiren olaylar onlara sıkıcı ve boş gelebilir.

Sarı biri için eğlenceli olan şey, bir maviyi utandırabilir.

Bir gün ailece bowling oynamaya gitmiştik. Ben çok eğleniyordum ve özellikle topu normalin üstünde bir yükseklikten atıyordum. Top "Güüüm" diye bir ses çıkıyordu. Ben müthiş eğlenirken mavi olan eşim işaret parmağını ağzına koymuş ve ne kadar ayıp der gibi bana bakıyordu. Bana eğlence gibi gözüken şey, mavi eşimi utandırmıştı.

> *İlişkilerinde mesafeyi ve ciddiyeti benimserler. Eğlenirken bile mesafeli olunmasını isterler. Kendileri de saygıyı en iyi şekilde sunarlar.*

Kızımla beraberken arabayla bir tünelin altından geçerken avazımız çıktığı kadar bağırmak en büyük zevkimizdi. Ancak bunu bir gün eşimin yanında yaptık ve bize verdiği tepkiden sonra bir daha yanımızda bir mavi varken bunu yapmamaya karar verdik.

Standartları yüksektir

Her şeyi olabileceğinin üstünde düşünürler ve olabilecek en iyi standardı yakalamak için her türlü çabayı sarf ederler. Evleri, eşyaları son derece zevkli ve dikkatli bir şekilde düzenlenmiştir. Giyim kuşamları da kendilerine en yakışan biçimdedir. Herkes tarafından beğenilen ve derli toplu bir tarza sahiptirler. Başkaları için çok iyi hatta mükemmel görünen şeyler onlar için standard'ın altında olabilir. Bu özellikleri arkadaş seçerken de seçici davranmalarına neden olur.

Yapacağı işleri doğru ve zamanında bitirmek için ellerinden gelen her şeyi yaparlar.

Danışmanlığını yaptığım bir şirketin mavi kişiliğe sahip kalite kontrol müdürü Engin Bey, kırmızı kişilikli genel müdür Bülent Bey'e aylarca çalışarak önemli bir rapor hazırlar ve bunu sunmak için büyük bir hevesle bekler. Sonuçta titizlikle ve ayrıntılarıyla üç saatlik bir sunum oluşturur. Sunum vakti gelince genel müdür, kalite kontrol müdürünün odasına gelir ve Engin Bey'e bütün raporu anlatmak için sadece üç dakikası olduğunu söyler. Engin Bey'in iki ayağı bir pabuca girer fakat neticede üç dakika olmasa da 15 dakikada bütün raporu özetleyerek bu konudaki yeteneğini sergiler.

Yeteneklidirler

Hayal güçlerini ve becerilerini sanata yönelik kullanırlar. Grafiker, ressam, şair veya filozoflar çoğunlukla bu gruptan çıkar. Onlar çevrelerindeki güzellikleri görsel olarak ortaya çıkaracak şekilde içlerindeki duyguları harekete geçirmeyi çok iyi bilirler.

Son derece yetenekli ve yazdığı kitaplarla eğitim dünyasına büyük hizmetleri olan Ahmet Maraşlı bu kişiliğin en güzel örneklerinden biridir. "Evde Okul, Okulda Kalite" adlı kitabı eğitimciler ve anne-babalar tarafından çok beğenilen bir kitaptır. Bir gün Ahmet beyle kitabının içinden alınan örneklerle bir seminer vermeyi kararlaştırdık. Dokümanları hazırlamak Ahmet beyin, semineri vermek de benim görevimdi. Ahmet bey, titiz bir çalışmayla kitabın içerisindeki bilgileri seminer notu haline getirdi ve yaklaşık 10 gün öncesinden bana verdi. O günlerde işlerim çok yoğundu ve son güne kadar notlara bakamadım. Seminer vereceğim günün sabahı seminerimde gösteri yapacak iki çocuğu ve annelerini alarak seminer salonuna doğru yola çıktım. Yolculuğumuz 45 dakika kadar sürdü. Yolculuk sırasında ben seminer notlarını çocuklardan birinin annesi olan Sevil Hanıma verdim ve bana okumasını söyledim. Saat 9:30'da gideceğimiz yere vardık. Seminer saat 10:00'da başlayacaktı. Salonun yanındaki bir pastaneye oturduk ve ben seminerin ana hatlarını gösteren bir zihin haritası çizdim. Zihin haritasında sadece anahtar kelimeler vardı. Saat 10:00' da salona girdim ve Ahmet beyle karşılaştım. Ahmet bey "Her şey tamam mı?" diye sorduğunda "Evet, her şey tamam.." dedim. Notları sabahleyin okumaya başladığımı duysaydı kalp krizi geçirebilirdi. Salon çok kalabalıktı. Seminer bittiğinde herkes çok memnun olarak salondan ayrılıyordu. Geri dönerken yolda Ahmet beye seminere nasıl hazırlandığımı anlattığımda çok şaşırdı. Bu olayda mavinin yetenekleriyle sarının pratikliğini birleştirmiştik.

Başkaları için çok iyi hatta mükemmel görünen şeyler onlar için standardın altında olabilir. Bu özellikleri arkadaş seçerken de seçici davranmalarına neden olur.

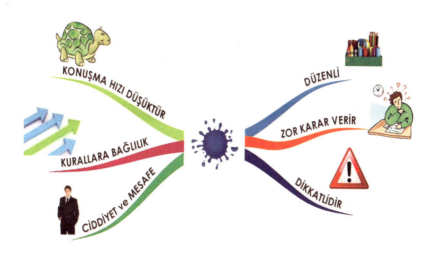

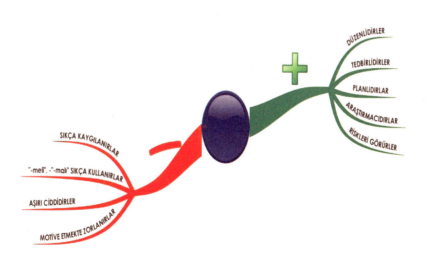

Kırmızı Kişilik

Güçlü kararlıdır, sadece kendisiyle yarışır
Benim dediğim gibi der, herkese karışır
Kaybetmeye dayanamaz, çalışması sıklaşır
Tutkuludur, tüm engellerle savaşır

Adeta lider doğmuştur, başka lider tanımaz
Lider olmadığı ortamlarda bulunmaz
Koyu tartışmacıdır, herkese göre davranmaz
Kırmızıları anlayabilirseniz sorun çıkarmaz

Heyecanı hiç bitmez, sönmek bilmez ateşi
Ondan etkilenir hayatına giren her kişi
Sonuç odaklıdır, elinde kalmaz işi
Kendini belli eder bir ortama girişi

Olmazsa olmaz fıtraten ateştir elementi
Kızarsa kafası, yakar Haliç'i Levent'i
Kendi kurallarını koyar, uymaz başkasının ahengi
Dedikleri olmazsa gözü görmez cenk çelengi

Bir başkadır onun aşkı ve sevdası
Cananı için kıyar cana bin defası
Vazgeçmez, yılmaz önemli ise davası
Dostuna kıyamaz varsa sevgi vefası

Ses renginde vardır sanki büyük bir haykırış,
Göz teması doğrudandır kartal gibi kararlı bir bakış
Haksızlığa hiç gelemez, çıkar ani başkaldırış
Haklının hakkını vermektir, en sevdiği davranış

Güçlü kararlı tiplerdir. "Az laf, çok iş" derler. Sebebi ise sonuç odaklı olmalarıdır. Kırmızılar "Sadede gel" kelimesini çok kullanırlar.

Herkesin kendileri gibi düşünüp kendileri gibi hareket etmesini isterler. Gereksiz konuşmalardan ve işlerden hoşlanmazlar. Hep yapacak işleri ve alınmış kararları vardır.

Onlara göre önemli olan işin özünü anlamak ve sonucu elde etmektir. Bu yüzden kararlarını uygularken gözleri başka bir şey görmez. İş yerinde başkasının odasına aniden girebilirler.

Gerektiğinde karşılarındakinin zor durumda olmasını önemsemeyerek kendi istekleri için başkalarını rahatsız edebilirler. Genelde kafalarının dikine giderler.

Özellikle onların sık yaptığı bir şey, karşılarındakini kendi istedikleri gibi olmaya ve hareket etmeye zorlamalarıdır.

Bu kişiler için önemli olan, onlardan hoşnut olmanızdır. Çevreye verdikleri mesajları, "Benim dediğim gibi, ama hemen olsun." şeklindedir.

> Kırmızıların genellikle "Ben kendimi çok fazla anlattım, kendimden çok bahsettim. Biraz da sen beni anlat!" şeklinde bir tavırları vardır.

Yüksek ancak gerçekçi hedefler belirlemekten ve sonra bunları gerçekleştirmeye girişmekten büyük bir zevk duyarlar. Son derece bağımsız insanlardır, kendileri adına başkalarının hedef koymasını istemezler.

En kötü kararın bile kararsızlıktan iyi olduğuna inanırlar.

Zaman yönetimi konusunda üstün bir becerileri vardır. Göz temasları doğrudandır, hatta bazen dinleyeni rahatsız bile edebilir. Konuşması hızlı ve tempoludur, ses tonlaması çok azdır.

Çalışma masaları ne sarılar gibi dağınık ne de maviler gibi çok fazla düzenlidir. Olması gerektiği kadar düzene sahiptir.

Kırmızıların en temel özellikleri aşağıda belirteceğimiz başlıklar altında toplanabilir:

Hep dik durmaya çalışırlar; kimseden yardım istemeyi sevmezler

Zor durumlarda diğerlerine oranla daha güçlü olan bu insanların özlerinde zora talip olma vardır. Yapılan günlük meşguliyetler onlar için iş değildir. Herkesin yapamadığı işleri üstlenmek onlara zevk verebilir. Yapılması zor olan işleri yaparak sürekli kendilerini geliştirirler. Çoğu insanın imkansızlıklar karşısında pes etmesine rağmen, zorluklar onları daha da motive eder ve bunları kendi başlarına aşabilirler. Gerçek başarıların zorlukların arkasında olduğuna inanırlar.

> *Çalışma masaları ne sarılar gibi dağınık ne de maviler gibi çok fazla düzenlidir. Olması gerektiği kadar düzene sahiptir.*

Tipik bir kırmızı olan, güçlü ve kararlı yapısıyla hayatını baştan kuran Düzceli Teyze'nin yaşadıklarını sizlerle paylaşmak istiyorum:

Seminerlerimde katılımcıların "Düzceli Teyze" diye tanıdığı Nebahat Ünlütürk, Düzce depreminde yakınlarını ve tüm mal varlığını kaybettikten sonra hiçbir zaman "Bunlar neden benim başıma geldi?" diye sormamış. "Ben bundan sonra ne yapabilirim?" diye sormuş ve hat sanatıyla uğraşmaya karar vermiş.

Önceleri bunu sadece oyalanmak için yapıyormuş. Ancak daha sonraları, ortaya koyduğu eserleri gören uzmanlar çok şaşırmışlar ve ona yardım etmeye başlamışlar.

İlk sergisini benim de seminerler verdiğim Altunizade Kültür Merkezi'nde açan Düzceli Teyze daha sonra bu sergilerini çok farklı yerlere taşımış. Basında ve medyada geniş yer bulan çalışmaları bütün uzmanlar tarafından tam not almış. Sergisinin açılışını birçok ünlü belediye başkanı ve politikacı yapmış.

Kırmızı kişiliğin bütün güçlü yanlarına sahip olan Düzceli Teyze'nin yeni bir sergi açtığını duyarsanız mutlaka eserlerini görmeye gidin, daha da önemlisi gülümseyen yüzündeki o kartal bakışlarını görün ve hayata daha farklı gözlerle bakın.

Kendilerini daima "haklı" görme eğilimleri vardır

Bu kişiler haklı oldukları konuda iddiacıdırlar. Bu iddialarını sonuna kadar götürürler. Haklı olmalarını sağlayacak bütün ayrıntılara ulaşmak, en büyük özellikleridir de diyebiliriz. Çoğu zaman hareketlerinin arkasındaki güdü, haksız konumuna düşmeme isteğidir. Bu sebeple hata yapma ihtimalini bile düşünmek istemezler. Diğer insanların da haklı olabileceklerini fark ettiklerinde ve hatalarını anladıklarında esneklik yönündeki en büyük adımlarını atmış olurlar.

Seminerlerimize katılan, sarı kişilikli bir yapıya sahip olan Tuğba'nın babası tipik bir kırmızı idi. Asker kökenli ve disiplinli bir şekilde yetişmiş olan Taner Bey kızına karşı aşırı bir disiplin uyguluyordu. Taner Bey'in kızları ile olan iletişimindeki genel kuralı şu idi:

"Madde 1: Babalar her zaman haklıdır.

Madde 2: Babalar haksız olduğunda Madde 1'deki kural geçerlidir."

Bu yüzden her ikisi de iletişimde büyük sıkıntılar yaşıyorlardı. Tuğba ile çalışmaya başladığımızda ona şunu söyledim: "Dünyada değiştirebileceğin tek kişi sensin. Sen değişirsen ve daha esnek olursan göreceksin ki baban da değişecek." Babasına Tuğba hakkında bilgiler verirken de sürekli olarak kızına karşı daha esnek olmasını ifade ediyordum. Her geçen gün baba ile kızın arası daha da iyiye gidiyordu. Daha sonra her ikisi de iletişim konusundaki kurallarını şöyle değiştirdiler:

1. İletişimimizin anlamı, aldığımız tepkidir.
2. İletişimdeki en önemli şey, esnekliktir.

Eleştirilmekten hoşlanmaz ve hiçbir sözün altında kalmazlar

Baskı altında olmaktan, emir kipinden ve eleştirilmekten hoşlanmazlar. Eğer bir kırmızıyı eleştirecekseniz önce onunla uyum sağlamalı ve sonra bu eleştirinizi yumuşak bir üslupla yapmalısınız. Eleştiriye derhal tepki verirler, bu tepki bazen sert olabilir. Emir cümleleri kullanarak onları kolaylıkla yapacakları işlerden bile soğutabilirsiniz.

> *Baskı altında olmaktan, emir kipinden ve eleştirilmekten hoşlanmazlar. Eğer bir kırmızıyı eleştirecekseniz önce onunla uyum sağlamalı ve sonra bu eleştirinizi yumuşak bir üslupla yapmalısınız.*

Kendilerine söylenen manidar sözlere veya haksız eleştirilere aynı ustalıkla cevap verebilme yeteneğine sahiptirler.

Milli şairlerimizden Mehmet Akif Ersoy da bir kırmızıdır. Bunu şiirlerinden de çok rahat anlayabiliriz:

Bir gün Mehmet Akif Ersoy bir konuşma yapıyordu. Konuşmasının sonunda patavatsız bir genç şöyle bir soru sorar:

"Siz aslında veterinerdiniz değil mi?"

Mehmet Akif Ersoy delikanlıya bakarak şöyle cevap verir:

"Ne o evladım, bir derdin mi var?"

Kararlı, iş bitirici ve sonuç odaklıdırlar

Kırmızı olan kişi daha işin başında, hızlı karar verme yeteneğinden dolayı sonucu görmüş ve bir iş konusundaki kararını bile çoktan vermiştir. Her işin, başından çok, sonunu merak ederler. Çünkü karar verdikleri anda harekete geçmeli ve derhal işe başlamalıdırlar. Hayatın her alanında onların bu kararlı yapısına ihtiyaç vardır. Çünkü en büyük kargaşalarda bile hızlı ve doğru karar alabilir, tekrar düzeni sağlayabilirler. Getirdikleri pratik çözümlerle pek çok kişinin içinden çıkamadığı karışıklığı önleme yeteneğine sahiptirler.

Recep Tayyip Erdoğan kırmızı kişiliğe en iyi örneklerden biridir. İstanbul Belediye Başkanlığı'na aday olmadan çok önce başbakan olmayı kafasına koymuştu. Bu yüzden İstanbul Büyükşehir Belediye Başkanlığı elinden alındığında yeni bir hedef belirledi ve başbakan olmanın planlarını ve yeni yollarını aramaya başladı. Aldığı cezadan dolayı hapis yatması onu yıldırmadı; tam tersine daha da kamçıladı. Zaten kırmızı biri için zorluklar, onu daha da kamçılayan ve harekete geçiren iyi birer motivasyon unsurudur.

Partisinin seçimi kazanması ve kendisinin başbakan olamaması onu etkilemedi. Bir yolunu buldu ve sonunda hedefi olan başbakanlık koltuğuna oturdu. Bir başkası için bitiş olan bir olay, onun için bir başlangıç olmuştu. Gençlik yıllarındaki koyu kırmızı Recep Tayyip Erdoğan yıllar geçtikçe daha esnek olmayı öğrenerek hedeflerine ulaşmakta zorluk çekmedi. Ayrıca yine kırmızı olan eşi Emine Erdoğan'la olan uyumunda bu başarısının önemli bir rol oynadığını ifade edebiliriz.

Kırmızılar, küçük yaştan itibaren bağımsız hareket etmeye alışıktırlar; yönlendirilmek istemezler

Kırmızılar, kendi kararlarını kendileri vermek isterler. Başka insanların kararı onları çok fazla ilgilendirmez. Onlar kendi akıllarına koyduklarını uygulayan tiplerdir. Eğer birlikte yapacağınız şeylerde aldığınız kararları onlarla birlikte almadıysanız onu asla uygulamazlar.

Kırmızı olan oğlum Ekrem küçükken masa tenisi sporuna benim isteğimle başladı. 11-12 yaşlarında İstanbul şampiyonu oldu. Çok başarılı idi, fakat büyüyünce kendisi istemediği için de bu sporu bıraktı. Nedeni ise kendisinin bir kırmızı olmasından dolayı idi; çünkü başlangıçta bu sporu yapmak onun kararı değildi...

Kırmızı bir babanın, kendisiyle aynı kişilikte 3 yaşında bir oğlu vardı. Babanın anlattığına göre ne yaparsa yapsın çocuk dışarı çıktıklarında bir türlü babasının elini tutmak istemiyormuş. Endişelenen baba düşünmüş ve çocuğunun kırmızı kişilik özelliklerini görüp onunla bu şekilde iletişim kuramayacağını anlamış. Çocuğuna, "Oğlum haydi beni markete götür..." demiş. Çocuk babanın bu davranışına olumlu yanıt vermiş ve babasının elini tutarak onu markete götürmüş.

O günden sonra da baba çatışmaya mahal vermeyecek şekilde çocuğunun bu yönünün farkında olarak onunla iletişime geçme yolunu tercih etmiş.

Amaca yöneliktirler, ani kararları ile insanları şaşırtabilirler

Ulaşmak istedikleri hedefler adeta onları bu hedeften başka her şeyden soyutlar. Çoğu zaman diğer insanların memnuniyetini düşünemeyebilirler ve istemedikleri halde tepki alabilir, yalnız kalabilirler.

> *Kırmızılar, kendi kararlarını kendileri vermek isterler. Başka insanların kararı onları çok fazla ilgilendirmez.*

Herhangi bir yerde, bir iş kurumunda, seyahat esnasında veya aile içinde bir karar verirler. Kendilerine tâbi olan insanlar da bu karara uyarlar. Çok kısa bir süre içinde kararlarını başka bir yöne çevirebilirler. Birçok kişi bu durumdan etkilenir. Fakat bu insanlar için diğerlerinin düşünceleri çok fazla önemli değildir. Onlar için insanların memnuniyetinden çok amaçlarını gerçekleştirmeleri önemlidir.

Kendisine danışmanlık yaptığım bir marketler zincirinin sahibi Zeki Bey bu kişiliğin iyi bir örneği idi. Seminerlerime katıldıktan sonra Zeki Bey, aldığı eğitimleri şirketindeki çalışanlarına da aldırmayı düşünmüştü.

Bunun üzerine kendisi ile çalışanlarına yönelik, 6 günlük bir eğitim anlaşması yapmıştık. Fakat Zeki Bey kırmızı kişiliğinin verdiği "sonuç odaklılık" ile bazı detayları düşünmemiş, kararlı ve bağımsız bir planla market çalışanlarını üst üste 6 günlük eğitime çağırmıştı. Çalışanlar hazırlıklı olmadıklarından bu kararı şaşkınlıkla karşılamışlardı.

Verdiğim 6 günlük eğitimlerde kişilikleri anlatıp, kişilik analizlerini yaptırınca herkes Zeki Bey'in tipik bir kırmızı olduğunu fark edince neden bu şekilde eğitim planı yaptığını da anlamışlardı.

Eğitimin olumlu sonuçları ise tüm çalışanları fazlasıyla memnun etmişti.

Önlerindeki işe aşırı odaklanmaları yüzünden, sonuçlar konusunda yeterli değerlendirmeyi yapamayabilirler

Kuvvetli içgüdüleri onların herhangi bir konuya yoğun bir şekilde odaklanmalarını sağlar. Bir değerlendirme yaparken zor da olsa birden karar verebilirler. Düşünmeden verilen bu ani kararları yüzünden problem yaşayabilirler. Daha esnek olup açık kapı bırakmaları gerektiğini bazen hatırlamayabilirler.

> *Önemli kararlar alırken kırmızıların çok çabuk karar vermemesi ve uzun vadeli sonuçları iyi değerlendirmesi gerekir.*

Kırmızı biri karar almadan önce çok iyi düşünmeli ve objektif birilerine danışmalıdır. Hele bir de önemli kararlar alırken kırmızıların çok çabuk karar vermemesi ve uzun vadeli sonuçları iyi değerlendirmesi gerekir.

Seminerlerime katılan Ali Bey'in tipik kırmızı kişilik özelliklerini taşıdığını gözlemlemiştim. Kendisi seminerlerime katıldıktan sonra 9 günlük NLP Practitioner eğitimi almaya karar vermişti. Bu kararı üzerine Ali Bey, çalıştığı işyerinden izin istemiş ve olumlu yanıt alamayınca da istifa etmişti. Tabi bu olaydan benim haberim yoktu.

Ali Bey aslında beni modellediğini zannederek eğitim için işini feda etmişti. Kırmızı kişilik özelliklerini taşıyan biri olarak kararına aşırı odaklanmış, bunun uzun vadeli sonuçlarını düşünmemiş ve iyi bir değerlendirme yapmamıştı.

Ancak katıldığı seminerden sonra gerek aile hayatında gerekse iş hayatında kendisine yeni ufuklar açıldı. Özellikle eşinin bana telefon açarak teşekkür etmesi ve Ali Bey'deki değişiklikleri anlatması, bir eğitimci olarak hiçbir zaman unutamayacağım olaylar hanesine yazılmıştı.

Adeta lider doğmuşlardır; aksi bir tarzı benimsemek istemezler

Yönetme içgüdüleri bir hayli fazladır. Komut vermeyi severler. Maksatları kötü değildir, doğal olarak buna eğilimlidirler. Herkesin kalkmasını, koşmasını, atlamasını, çalışmasını, her zaman kazanmasını isterler. Çocuk veya yetişkin fark etmez, ilk işe aileden başlarlar. Diğer akrabalara kadar uzanırlar. Genellikle küçük yaşlarda hedeflerini belirler ve kimsenin yönlendirmesiyle amaçlarından sapmazlar.

Seminerlerimize katılan Safinaz Hanım 9 yaşlarında iken babası ile ayakkabı almaya çıkmış. Kendisi bir ayakkabı beğenmiş ve babasına zorla onu aldırtmak istemiş.

"Baba bu olmazsa olmaz. Ya alırsın ya da ben okula gitmem!" demiş.

Tabi babası kırmızı olan kızına daha fazla karşı koyamamış ve Safinaz Hanım sonunda ayakkabıyı babasına aldırmış.

Hayatı boyunca annesine annelik, babasına babalık yaptığını ve tüm aileyi yönettiğini söyleyen Safinaz Hanım çalıştığı işyerinde de bu güçlü yönünün özelliklerinden istifade ediyor.

Özgüvenleri yüksektir

Kendilerine güvenleri, farklı kişilikteki insanları şaşırtacak derecede yüksektir. Kendilerine olan inançları asla sekteye uğramaz, talip oldukları zor işlerin altından kalkamayacakları bir iş olduğuna inanmazlar. Her ortamda kendi kişiliklerini rahatlıkla sergiler, herkesin kendi görüşlerine karşı olduğu bir ortamda bile inandıklarından taviz vermezler.

Kırmızı olan oğlum Ekrem masa tenisi oynadığında ve maç son sayıya kaldığında daima kazanan taraf olurdu. Çünkü karşı taraf son sayıda panik yaşarken Ekrem sakin bir şekilde smaç vurur ve maçı alırdı. Ayrıca üniversite sınavına giderken herkes çok heyecanlı iken Ekrem son derece sakin bir sınav geçirmişti. Hatta sınav sırasında bazılarının şeker, çikolata yemeleri ve bol bol su içmeleri ona çok garip gelmişti.

Ünlü şairlerimizden Necip Fazıl Kısakürek de kırmızı kişilikli biri idi. Şiirlerinde de bu kişiliğinin izlerine rastlanır. Yazdığı her şiirde insanları eyleme ve girişkenliğe teşvik ediyordu. Sosyal hayatında da kırmızı yönü daima öndeydi.

> *Kırmızılar kendi imkânları ve güçleriyle çalışırlar. Onlar için yapılan iş kendi çabalarıyla yaptıklarında anlamını bulur ve onları tatmin eder.*

Bir defasında Necip Fazıl Kısakürek'e birisi "Türkiye'de iki büyük şair var." diye bir yorumda bulunur. Necip Fazıl Kısakürek o kişiye dönerek sorar: "İkincisi kim?"

Kendi hedeflerini kendileri gerçekleştirmek isterler

Diğer kişilik türlerindeki insanlar herhangi bir konuda yardım almaya gönüllüdür. Ancak kırmızılar kendi imkânları ve güçleriyle çalışırlar. Onlar için yapılan iş kendi çabalarıyla yaptıklarında anlamını bulur ve onları tatmin eder. Başkalarının yardımlarından mutlu olmaz, hatta rahatsız olurlar. Halk deyimiyle: "Aç yatarım, kuyruğumu dik tutarım." tarzında hareket ederler.

Kendisi kırmızı kişilikli olan Üsküdar Belediye Başkan Yardımcısı Mehmet Demiröz, bu konuda örnek olabilecek bir anısını şöyle anlatıyor:

İstanbul'a İ.T.Ü. Şehir ve Bölge Planlama Bölümü'nü kazandığında gelir. Üniversiteye başladığında ilk derste hocasının "Rapido temizlemeyi çok iyi bilin..." demesi üzerine, hocasının asistanına giderek "Rapido temizlemeyi nasıl öğrenebilirim?" diye sorar. Asistanın kızarak "Madem bilmiyorsun, niye buraya geldin?" cevabını vermesi üzerine, "Ben buraya rapido temizlemeyi öğrenmeye geldim." der.

Son sınıfa geldiğinde Mehmet Bey, bir proje hazırlar ve bunu 7 profesör gözden geçirerek hatalarını düzeltir.

Mehmet Bey eve gittiğinde değişmiş olan eski projesi için "Bu benim projem değil!" diyerek, bunu çöpe atar ve yeni bir proje için uzun süre uğraşır.

Bu son projesini profesörlere götürdüğünde, "Bu bizim düzelttiğimiz proje değil!" derler ve Mehmet Bey de "Bu yeni proje ile ben sizin öğrettiklerinizin sonucunu verdim. Sizlere çok teşekkür ederim. Şimdi ise bu projeden sadece iki şey beklerim: Ya sınıfta kalacağım ya da 100 tam puan alarak başarmış olacağım." der.

Sonuçta Mehmet Bey, projesiyle birinci olur. Mezuniyet töreninde dört sene önceki asistan da vardır.

Rektör Mehmet Bey'e "Hedefiniz neydi?" diye sorunca Mehmet Bey "Ben buraya rapido temizlemeyi öğrenmeye geldim." cümlesini tekrarlar.

Bu cevapla asistan yapmış olduğu hatayı anlar ve Mehmet Bey'e gelip "Bir kişinin 4 sene unutamayacağı bir sözü söylemek istemedim." deyip özür diler. Mehmet Bey bu cevaptan tatmin olmuş ve istediğine ulaşmıştır.

İş odaklıdırlar ve iyi organize ederler

Yapılacak işe odaklanır, sonuca ulaşılacak yolları bilirler. Başkaları için iş bölümü ve organizasyon zor görünürken onlar için bunlar, hedefe ulaşmada etkili ve gerekli bir çözümdür. Onlara sıkıldıklarında dinlenmeye ihtiyaçları olduğunu söylemeyin, çünkü onlar tatilde bile işlerini düşünecek kadar iş odaklıdırlar. Akşam herkes eğlenirken, onlar otel odalarında işleriyle ilgili planlar yapabilirler. Dizüstü bilgisayarlarından bürolarını, işyerlerini idare edebilirler. Bu durum eşlerini veya çevresindeki insanları bunaltabilir.

Kırmızılara sıkıldıklarında dinlenmeye ihtiyaçları olduğunu söylemeyin, çünkü onlar tatilde bile işlerini düşünecek kadar iş odaklıdırlar.

Seminerlerimize katılan Ayşe Hanım bir defasında tatile giderken çantasının yarısını işi ile ilgili kitaplarla doldurmuştu. Tatilde sürekli kitap okuması ve cep telefonlarıyla iş görüşmeleri yapması arkadaşlarını çok şaşırtmıştı. Ancak tatilden döndüğünde okuduğu kitaplarla ilgili bilgileri bana aktarırken çok mutluydu.

Güçlü istekleri vardır ve asla vazgeçmezler

Kırmızıların güçlü istekleri vardır. Çünkü sıradan hedefler onları motive etmez. Diğer kişilik türlerindeki kişilere çok zor gelen şeyler onları daha da motive eder.

Adeta şöyle bir kuralları vardır: **"Zoru yaparız, imkânsız biraz zaman alır!"**

Kafalarına bir şeyi koyduklarında onu gerçekleştirene kadar uğraşırlar ve asla vazgeçmezler.

Bir gün Isparta'dan Sıtkı Aslanhan adlı bir üniversite öğrencisi beni arayarak Isparta'da işadamlarına ve ayrıca halka açık birer seminer düzenlemek istediğini söyledi. Birkaç görüşmenin sonucunda seminer günlerini kararlaştırdık ve ben Isparta'ya gittim. Önce Büyük Isparta Oteli'nde iş adamlarına yönelik bir seminer yaptık Isparta'nın ileri gelen 150 iş adamının katıldığı seminer çok başarılı geçti. Ardından büyük bir salonda halka açık bir seminer daha yaptık. Salon tıklım tıklım dolmuştu. Çok başarılı geçen seminerden sonra evde Sıtkı'yla oturuyorduk. Kendisine şöyle dedim: "Sıtkı, çok başarılı bir organizasyon yaptın. Benim diğer organizasyonlarımı da yapar mısın? Bunu yapacak birine ihtiyacım var." Bu sözüm üzerine Sıtkı ayağa kalktı ve çekmecesinden bir kağıt çıkarıp bana uzattı. Kağıtta Sıtkı'nın hedefleri yazıyordu. Hedefler listesinin ilk iki maddesi şöyleydi:

- Oğuz Saygın'ı Isparta'ya getirmek
- Oğuz Saygın'ın organizasyonlarını düzenlemek

O gün Sıtkı'yla anlaştık ve çalışmaya başladık. Sıtkı kırmızı kişilikli bir yapıya sahipti ve kafasına koyduğu her şeyi yapa bilecek güçteydi. Üç yıl boyunca bütün Anadolu'yu il il dolaştık. Önce seminerlerimde sadece beni sunan Sıtkı daha sonra küçük küçük konuşmalar da yapmaya başladı. Bir müddet sonra bir semineri baştan sona yapabilecek kadar tecrübe kazanmıştı. Şu anda İstanbul'da ve Anadolu'nun birçok yerinde çok başarılı seminerler veriyor. Türkiye'nin tanınmış iş adamlarına ve siyasetçilerine eğitimler veriyor. Ayrıca "Hayata Gülümse" adlı mükemmel bir kitap yazdı ve bu kitap kişisel gelişim alanında en çok satanlar listesine girdi. Bu kitabı bana ve birçok anıyı paylaştığımız arkadaşımız rahmetli Feyzullah Çırak'a ithaf etmesi de onun kırmızı kişiliğinin altındaki dostluk duygusunun bir tezahürüdür.

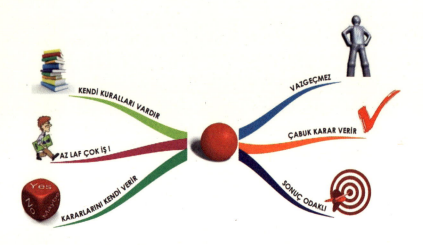
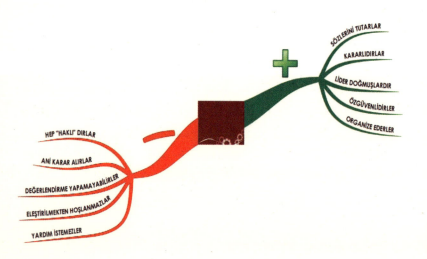

Yeşil Kişilik

Halim selim, sessiz uyumlu, sabırlıdır
İşten güçten yorulmaz, soğukkanlıdır
Arabulucu, sevecen, arkadaş canlısıdır
Çok az konuşur, yumuşak başlıdır

Çatışmadan kaçar, kavga gürültü sevmez
Kendinden ödün verir, "hayır" demeyi bilmez
Çevresiyle ilgilenirken kendini düşünmez
Ketumdur, duygularını açmayı beceremez

Her halinden memnun, sevgi doludur
İnce espriler yapar, orta yolludur
İyi takip eder, takım ruhludur
Saygılı, duygulu, hep huzurludur

Yüzleri mütebbessim, ifade yüklüdür
Sırlarını açık etmez, çok güçlüdür
Tarzı herkesi rahata kavuşturur
Kendi fırtınasını içinde susturur

Elementi sudur kana kana içilir
Onlarla ömür güzel geçirilir
Sevgi ve muhabbeti incelikle seçilir
Sükunet sembolü, esenlik yelidir

Orta yollu tiplerdir. Dikkat çekici hatalarda bulunmazlar. En belirgin yönleri her yerde mutlu olabilmeleri ve hallerinden memnuniyet duymalarıdır.

Yeşiller "Sabreden derviş, muradına ermiş." derler. Çok sabırlıdırlar. Yeşil kişilikli çocuklar itaatkâr olduklarından anne-babalarını üzmezler. Ayırt edilmesi en güç olan ve zor anlaşılan kişilerdir. Dinlenmeyi severler. Akışa uyum gösterirler. Fakat uyumlu görüntülerine aldanmamak gerekir. Çünkü kolay değişmezler. İçten içe çok inatçıdırlar. Son gün kavramları yoktur. Projeleri yarım kalmış olabilir. Yeşillerle birlikte olanlara bir tavsiyede bulunmak isterim: Yeşiller nasıl olsa kimseye "hayır" diyemezler deyip de onların bu yönlerinden istifade etmeyin. Çünkü içten içe çok üzülürler.

Barışçıl ve soğukkanlı olan yeşiller için yapabileceğiniz en güzel şey, onlara saygı göstermektir. Bunu çok isterler. Çevrelerine verdikleri mesajları "Lütfen bana saygı gösterin..." şeklindedir.

> *Barışçıl ve soğukkanlı olan yeşiller için yapabileceğiniz en güzel şey, onlara saygı göstermektir.*

Mavilere göre daha duygulu ve heyecanlı bir yapıya sahiptirler.

Takım oyuncularıdır. Özellikle küçük gruplar halinde çalışmayı, tek başına çalışmaya tercih ederler. Öne çıkmaya çalışmaz ve nadiren başkalarıyla çatışmaya girerler.

Başkalarını, fikirlerini açmaya teşvik etme konusunda becerikkidirler. Başka insanların katkılarındaki değeri görme konusunda oldukça yeteneklidirler. Çatışan fikirleri bütün tarafların destekleyebileceği bir senteze kavuşturma konusunda da becerileri vardır. Yani, uyumlu ilişkilere çok değer verdiklerinden çoğunlukla gergin havayı dağıtırlar.

Arka planda kalmaya özen gösterdikleri için birçok ekip çalışmasında isimsiz kahraman olarak rol alırlar. Başka insanların hislerine karşı özellikle duyarlıdırlar. İnsanlar onlara güvenerek açılırlar. Fakat bazen arkadaşlığı abartır ve bu yüzden işlerini ihmal edebilirler. İnsanlarla olan ilişkilerine gereğinden fazla zaman ve dikkat ayırabilirler. Çok insancıl olduklarından herkesin derdini dinlerler. Yalnız bu sabırlı tutumlarının arkasından ani patlamalar meydana gelebilir.

Göz teması konusunda da rahattırlar, yüz ifadeleri anlam yüklüdür. Sesleri sıcaktır ve ses tonları oldukça düşüktür.

Otorite kullanma konusunda yufka yüreklidirler, kimi zaman bu otoriteyi yanlış kullanabilirler.

Kırmızı bir hanım ile yeşil bir erkeğin evliliğinde son söz hep yeşil erkeğe ait olur. Bu söz şudur: 'Peki karıcığım...' Yeşillerin astığı astık kestiği kestiktir. Çamaşır asıp, ekmek keserler...

Çok hareketli ortamları sevmezler, çünkü bunu yapacak enerjiyi bulamazlar kendilerinde.

Yeşil kişilik özelliklerinden bazıları şöyledir:

İnce ve düşündürücü espri anlayışına sahiptirler

Onlar sarılar gibi sık sık espri yapıp fıkra anlatmayı sevmezler. Daha çok dinlemekten hoşlanırlar. Bir espri yaptıklarında ise bu espri ince nükteler içerir. Ancak bu esprilerdeki inceliği anlamak için insanların biraz düşünmeleri gerekebilir. Çünkü çok düşünüp az konuşan kişilerdir. Ayrıca onlar eleştiri almaktan çekinirler ve insanların onlara duyduğu saygıyı zedelemek istemezler. Her şeyin ters gittiği bir anda bile insanları ince espirileriyle tebessüm ettirebilirler.

Bir gün yeşil olan arkadaşım Haşim Bey ile bir okula seminer vermeye gitmiştik. Haşim Bey, semineri baştan sona dinledi. Seminer çoklu zekâyla ilgiliydi. Çocuklarda 8 tür zekâ olduğundan bahsettim. Bunlar matematiksel, sosyal, bedensel, bireysel, sözel, müziksel, görsel ve tabiat zekası idi.

Seminer ücretini Haşim Bey tahsil etti ve arabaya bindik. Haşim'e "Çoklu zekayı anlayabildin mi?" diye sordum.

"Çok iyi anladım Oğuz hocam." dedi.

Yeşil renkli 20'likleri kastederek:

"Örneğin bu zarftakiler tabiat zekâsı değil mi?" diye sordu.

Çok rahattırlar

Yeşillerin rahatlığı her zaman çok dikkatimi çekmiştir. "Evin yansa bile içinde yorganım var deme" sözü sanki onlar için söylenmiş gibidir. Onların bu derece rahat olmaları, kendilerini psikolojik açıdan rahatlatırken etraflarındaki birçok insanı gerebilir.

"Şimdi olmazsa ne olur sanki, daha sonra yapsak olmaz mı?" türü yakınmaları sık sık duyabilirsiniz onlardan. Onlar için şimdi yapmakla daha sonra yapmak arasında hiçbir fark yoktur. Bir karar alarak rahatlarını kaçırmaktan hoşlanmazlar. Rahat tavırları ile her zaman aynı dengeyi koruyabilirler. Başkalarının panik yaşadığı anlarda dahi son derece rahat olmaları, kendileri için avantaj sağlarken özellikle kırmızıları çileden çıkarabilir.

> *Yeşillerin başkalarının panik yaşadığı anlarda dahi son derece rahat olmaları, kendileri için avantaj sağlarken özellikle kırmızıları çileden çıkarabilir.*

Rahat ve sakin tavırlarıyla dikkat çeken yardımcım Yasin, yeşil kişiliğin tüm özelliklerini üzerinde taşıyordu sanki. Hanımı Fatma ise onun tam zıddı olan kırmızı kişilik özellikleriyle dikkat çekiyordu. Ramazan bayramından bir hafta önce eşi ona kızıp, küçük çocuğunu da alarak ailesinin evine gitmişti. Ailesine düşkün olan Yasin ertesi gün bana gelip olayı anlattı. Kendisine niçin hanımını ve çocuğunu alıp evlerine geri getirmediğini sorduğumda bana; "Hocam şurada bayrama az kalmış. Bari bayramda gideyim de bu arada hem onları alırım, hem de bayramlarını kutlamış olurum..." dediğinde yeşillerin rahatlıklarının hangi seviyelere kadar çıkabileceğini çok daha iyi anlamıştım!

Kendileriyle barışıktırlar

Yeşiller fazla ayrıntı ve büyük beklentiler içinde olmayan bir yapıya sahip olduklarından her ortam ve durumda kendileriyle barışıktırlar. Diğer insanları çok sinirlendiren bir şey onların keyfini kaçırmayabilir. Kimseye karşı kırıcı olmazlar. Bu tutumları nedeniyle kimse onlara düşmanlık beslemez. Çok gerekli görmedikçe insanları eleştirmezler, herkesi olduğu gibi kabul etme düşüncesi içindedirler. Diğer kişiliklerdeki insanları küplere bindirecek bazı olaylara hoşgörüyle yaklaşabilmeleri en güçlü özelliklerinden biridir.

> Yeşiller çok gerekli görmedikçe insanları eleştirmezler, herkesi olduğu gibi kabul etme düşüncesi içindedirler.

Buna verebileceğimiz en iyi örneklerden biri Yıldırım Akbulut'tur. Başbakan olduğunda, yıllarca kırmızı ve mavi liderler tarafından yönetilen Türk halkı birdenbire yeşil bir başbakan görünce çok şaşırdı. Turgut Özal'ın en çok güvendiği kişi olduğu için Yıldırım Akbulut o makama getirilmişti. Son derece sadık, dürüst ve kendisiyle barışık bir insandı.

O tarihlerde medyada Yıldırım Akbulut hakkında fıkralar üretildi. O, bu fıkraların hepsine gülüp geçti, hatta bir televizyon programında kendisi de herkesi gülümseten şu fıkrayı anlatmaktan çekinmedi: "Yıldırım Akbulut bir tarihte bir devlet dairesinde müdürken bir görevli kendisine gelerek 'Müdür Bey, arşivimiz çok dolu, tarihi geçmiş bazı evrakları atalım mı?' diye sorduğunda Yıldırım Akbulut şöyle cevap vermiş: 'Önce fotokopisini çekin sonra atın!'"

Diğer kişiliklere nazaran soğukkanlıdırlar

Her türlü zorluğun ortasında dahi soğukkanlılıklarını yitirmeden sakin kalmayı başarabilirler. Biraz düşünür ve o an için yapılması gerekene sakin bir şekilde karar verirler. Özellikle diğer insanların öfkeden çılgına döndüğü anlarda onların bu tavrı ortamı yumuşatır. Ayrıca hiç telaşları ve aceleleri yoktur. İnsanları paniğe sürükleyen bir olayda yeşilleri hemen fark edebilirsiniz. Çünkü onlar deprem anında bile tarzlarını bozmadan yürüyebilirler.

Seminerlerimize katılan 118 servisi müdürünün, çalışanlarından biri hakkında anlattığı hikaye bu kişilik deki insanlar hakkındaki ilginç örneklerden biridir: 118 gece servisinde çalışan Gülsüm Hanım deprem gerçekleşmeden önce gece saat 03:00 civarlarında çay molası verildiğinde sağ gözüne rimel sürmüş ve tam o sırada deprem olunca sol gözüne süremeden binadan dışarı çıkmış. Ancak binanın dışına çıktığında yaptığı ilk iş, sol gözüne rimel sürmek olmuş!

Ayrıca seminerlerime katılan, buradan aldığı eğitimlerle kişisel gelişim dünyasıyla tanışan, daha sonra Emniyet Müdürlüğü ve İETT gibi büyük kuruluşlarda seminerler veren kırmızı kişilikli Güler Sarıcı'nın eşi yeşil kişilikliydi. 17 Ağustos 1999 yılındaki büyük depremde insanlar büyük bir sarsıntı ve şokla yataklarından fırlarken Güler Hanım'ın eşi hiçbir şey olmamış gibi davranmış ve sonradan Güler Hanım'ın ısrarları ile dışarı çıkmaya razı olmuş.

Çatışmadan çok çekinirler

Çatışmayı engellemek için gerçekten inandıkları şeyi söylemek yerine karşılarındaki kişinin duymak istediği şeyi söyleyebilirler.

Önceliği kendilerinden çok karşılarındakine tanırlar. Sorun çıkarmak istemezler. Kavga, gürültü ortamlarından kaçarlar. Her yerde insanlarla iyi ilişkiler kurar ve çatışma ortamından uzak olurlar. Gerekmedikçe konuşmazlar, konuştuklarında ise karşılarındaki kişiye uyum sağlamak için gereken gayreti gösterirler.

> *Çatışmayı engellemek için gerçekten inandıkları şeyi söylemek yerine karşılarındaki kişinin duymak istediği şeyi söyleyebilirler.*

Kürüm Demir Çelik Firması adına Arnavutluk'a giderek orada kurdukları fabrikada Türk ve Arnavut çalışanlara seminer vermem istendi. Burada Türklerle olan seminerim bittikten sonra sıra Arnavutlara geldi. Arnavut çalışanların içerisinde son derece barışçıl, sevecen, çay servisi yapan bir bayan dikkatimi çekti. O kadar sevecen bir tavrı vardı ki sanki herkese çay servisi yapmak için hazır bekliyordu. Seminere o da katıldı. Seminerde farklı insan kişiliklerini anlatırken yeşillerin çatışmadan çekindiklerini ve kendi söylemek istedikleri şeyler yerine sizin duymak isteyeceğiniz şeyleri söyleyeceklerini tercüman vasıtasıyla anlattım. Daha sonra Bayan Valiy'den bir çay rica ettim. Valiy dışarı çıktığında diğer katılımcılara beyaz bir peçete gösterdim ve ben "Bu ne renk?" diye sorduğumda cevap olarak hep bir ağızdan "siyah" demelerini istedim. Burada önemli olan Valiy'in aynı soruya ne diyeceğiydi. Biraz sonra Valiy içeri girdi, çayımı verdi, ben salondaki arkadaşlara dönerek beyaz peçeteyi gösterdim ve "Arkadaşlar, bu ne renk?" diye sordum. Hepsi bir ağızdan üç kere "Siyah, siyah, siyah" diye bağırdılar. Sonra Valiy'e döndüm, ben bir şey demeden Valiy şöyle diyordu: "Siyah, siyah, siyah..."

Parolaları; evde barış, işyerinde barış ve cihanda barıştır

Yeşil kişilikli olanların arkadaşları çoktur, muhalefet edenleri çok azdır, düşmanları ise hiç yok gibidir. Her yerde barışçıl bir hayat isterler. Onların dünya barışına katkıları çok fazladır. Başkaları için mutluluk; başarı, güç ya da disiplini ifade ederken onlar için mutluluk, huzur ve barış içinde bir hayat demektir. Girdikleri her ortama huzur ve barış getirirler.

Arnavutluk'taki Kürüm Demir Çelik Firmasında Maksi adlı bir servis şoförüyle tanıştım. Maksi hem bizi gezdiriyor hem de Arnavutluk'ta tercümanlığımızı yapıyordu. Maksi yeşil kişiliğe sahipti ve yeşillerin birçoğunun evliliğinde olduğu gibi eşi de güçlü kararlı kırmızı kişilikte bir bayandı. Maksi'den birçok Arnavutça kelime öğrendim. Anlattıklarımdan kendisinin yeşil, eşinin de kırmızı olduğunu öğrenmişti. Eşi hem kendisinin hem de Maksi'nin maaşını alıyor ve Maksi'ye harçlık veriyordu. Yeşil erkek kırmızı bayan evliliklerinde bu duruma çok rastlamıştım ama Maksi'nin söylediği bir şey beni çok şaşırtmıştı: "Hocam ben uzun süre Kürüm'den kaç para aldığımı bilmiyordum, maaşımın ne kadar olduğunu öğrendiğimde iyi bir kazancım olduğunu anladım ve çok sevindim..." dedi. Maksi bunları anlatırken durumundan çok memnun olduğu ve eşini de çok sevdiği her halinden belli oluyordu.

> Yeşillerin arkadaşları çoktur, muhalefet edenleri çok azdır, düşmanları ise hiç yok gibidir.

Ayrıca Cumhurbaşkanımız Abdullah Gül, başarılı bir siyaset adamı olmasının yanında yeşil kişiliğin en tipik örneklerinden biridir. Recep Tayyip Erdoğan'ın başkanı olduğu parti seçimi kazandığında geçici bir süre için başbakan olacak bir kişiye ihtiyaç vardı. Bu kişinin barışçıl, çatışmalardan uzak, mütevazı ve gerektiğinde başbakanlığı tekrar kendisine devredecek biri olması gerekiyordu. Bu özelliklere en uygun kişi de Abdullah Gül idi. Barışçıl ve sevecen tavrıyla bir müddet başbakanlık yaptı ve vakti geldiğinde emaneti hiçbir problem çıkarmadan sahibine devretti!

Bir an evvel işlerini bitirip dinlenmek isterler

Hayatın sürekli bir koşuşturma ve hareket halinde olmaktan ibaret olmadığını düşünür, zamanlarının bir kısmını dinlenmeye ayırmak isterler. Yeşil birini bıraksanız hiç sıkılmadan aynı pozisyonda saatlerce oturabilir. Bu onlar için dinlenmenin en güzel yoludur. Ama sarı biri için böyle bir hal korkunç bir ızdıraptan başka bir şey değildir. Sarılar, uzun süre aynı yerde ve aynı pozisyonda kaldıklarında kendilerini felç olmuş gibi hissederler. Yazın pikniğe gitmek isteyen kırmızı kişilikli bir bayanın yeşil olan eşi, pikniğe gitmek yerine balkonda çiçeklerin arasında ızgara yapmayı teklif edebilir. Bu durum da kırmızı bayanın mangalı balkondan atmasına sebep olabilir!

Seminerlerimizde bir bayan; eşinin işyerinde çok sevilen biri olduğunu, yapması gereken işleri mutlaka bitirdiğini ancak eve gelir gelmez uyumak istediğini ve Pazar günleri neredeyse akşama kadar hiç yataktan çıkmak istemediğini, kahvaltıyı hazırlayıp eşini kaldırmak istediğinde ise hep aynı cevabı aldığını söylüyordu. Eşi tok olduğunu söyleyerek öğlene kadar uyuyor ve kalktığında son derece acıkmış olduğundan masada ne varsa silip süpürüyormuş. Bu kişiye niçin böyle yaptığını sorduğumda, eşine duyurmadan bana şöyle cevap vermişti: "Hocam Pazar sabahları biraz daha uyumak için açlığa dayanıyorum."

Doğal arabulucudurlar

Herkesle arkadaş olabildikleri ve tatsızlıkları sevmedikleri için, kimseyi incitmeden, iki tarafı da memnun edebilecek şekilde uzlaştırma kabiliyetine sahiptirler. Herkesi mutlu eder, arayı bulurlar. İnsanlar arasındaki anlaşmazlıkları çözmek ve onları barıştırmak çoğu zaman onları mutlu etmeye yetebilir. Çünkü onlar insanlara ve onları mutlu etmeye çok önem verirler. Kimyada katalizör denilen maddeler vardır. Bu maddeler iki maddenin karışımını kolaylaştırır ve daha sonra aradan çıkarlar. İşte yeşilleri kimyadaki bu katalizörlere benzetebiliriz.

Eski bir dostum olan Cem Bey, yeşil kişiliğin tüm özelliklerini taşır. Kendisi son derece sakin, insanları rahatlatan bir tavır içerisinde herkesin çok sevdiği ve takdir ettiği bir işadamıdır. Bir gün bir iş görüşmesinde bizim ekibimizle karşı taraf arasında arabuluculuk yapmak durumunda kaldı. Çünkü o her iki grubu da yakından tanıyordu. Bizim ekipte benimle birlikte, kırmızı kişilikli Nurhan Hanım ve mavi kişilikli Ümit Bey vardı. Diğer tarafta ise kırmızı kişiliğin ağır bastığı üç kişi vardı. Zaman zaman hararetlenen müzakereyi sürekli olarak sakinleştiren Cem Bey idi. Sonunda Cem Bey sandalyesini alarak bizim yanımıza geldi. Bizim adımıza karşı tarafla konuştu. Daha sonra yine sandalyesini alarak onların yanına oturdu ve onlar adına bizimle konuştu. Uzun süren müzakere Cem Beyin arabuluculuğu sayesinde en güzel şekilde sonuçlanmıştı.

Hallerinden hep memnun olurlar

Her zaman sakin, kontrollü, mantıklı, sabırlı, uysal ve güvenilir olduklarından herkesin aradığı ve özlediği kişilerdir. Her zaman hallerinden memnundurlar, her ortama uyum sağlarlar. Bulundukları her ortamda kendilerini meşgul edecek bir şeyler bulabilirler. Programlarının değişmiş veya değiştirilmiş olması onları çok fazla rahatsız etmez. Yeni duruma ve şartlara uyum sağlamaya çalışırlar ve kolay kolay isyan etmezler.

> *Bulundukları her ortamda kendilerini meşgul edecek bir şeyler bulabilirler. Programlarının değişmiş veya değiştirilmiş olması onları çok fazla rahatsız etmez.*

Eski zamanlarda yeşil kişiliğin tüm özelliklerine sahip bir çiftçi varmış. Bu çiftçi öküzü ile tarlasını sürermiş. Bir gün öküzü ölmüş, köylüler ona "Şimdi ne yapacaksın?" diye sorduklarında o "Her şeyde bir hayır vardır..." cevabını vermiş. Ormana odun almaya gittiğinde yabani bir at bulmuş, onu ehlileştirmiş ve tarlasını atıyla sürmeye başlamış. Günlerden bir gün oğlu ata binerken düşmüş ve ayağını kırmış. Köylüler geçmiş olsuna geldiklerinde onun rahatlığına şaşırmışlar ve oğlunun ayağının kırılmasının ne kadar kötü bir şey olduğunu söylemişler. O ise yine "Her şeyde bir hayır vardır..." demiş. Aradan birkaç gün geçmiş, imparatorun askerleri köye gelerek eli silah tutan bütün gençleri toplayarak savaşa götürmüşler. Ancak çiftçinin oğlunun ayağı kırık olduğu için onu almamışlar. Köylüler ona "Sen ne kadar şanslı bir adamsın." dediklerinde o yine aynı cevabı vermiş; "Her şeyde bir hayır vardır."

Çok sabırlıdırlar

Ters giden olayların karşısında dayanıklılık gösterecek güçleri vardır ve davranışları her zaman dengelidir. Diğer insanlar yeşillerin gösterdiği sabrı çoğu zaman gösteremezler. Yeşiller, çok zor durumlarda dahi sabretmeyi bilirler. Ancak olayları, onların sabrını taşıracak noktaya getirmemek gerekir. Onların bu sabırlı tutumu çoğu zaman başkalarına örnek olurken, bazen de kötü niyetli insanlar tarafından kullanılabilir. Yeşillerin bu kişilere karşı dikkatli olup iyi niyetlerinin suistimal edilmesine fırsat vermemeleri gerekir.

> *Yeşiller çok zor durumlarda dahi sabretmeyi bilirler. Ancak olayları, onların sabırlarını taşıracak noktaya getirmemek gerekir.*

Danışmanlığını yaptığım işadamı Mehmet Bey'in yanında 30 kadar kişi çalışıyordu. Kendisi yeşil kişiliğin tüm özelliklerini taşıyordu. Hayır demeyi beceremiyor ve insanları kırmak istemiyordu. Yanında çalışan elemanlardan birini hiç para almadan yüksek bir oranla kendisine kâr ortağı yapmıştı. Aralarında hiçbir resmî anlaşma da yoktu ama dört senedir Mehmet Bey ona hakkını veriyordu. Önceleri çok çalışkan olan bu kişi bir müddet sonra Mehmet Bey'in yumuşak tavrından yararlanarak fazla çalışmadan para kazanan bir konuma gelmişti. Mehmet Bey bu durumdan çok rahatsızdı. Ancak dört yıl bu kişiye sabırla katlanmıştı. Ben hem bu olaya hem de Mehmet Bey'in sabrına çok şaşırdım. Yaptığımız danışmanlığın sonucunda aldığımız kararlarla

Mehmet Bey bu durumdan kurtulurken, insanlara hayır diyebilmenin de tadına varıyordu.

> Yeşiller gerçek duygularını saklama konusunda ustadırlar. Problemlerini kendi içlerinde halletmeyi severler. Ketumdurlar.

İçlerinde bir fırtına koparken dışarıdan sakin görünebilirler

Gerçek duygularını saklama konusunda ustadırlar. Problemlerini kendi içlerinde halletmeyi seven ketum insanlardır. Duygularını gizleyip, kimseye belli etmemeliyim diye düşünürler. Dışarıdan bakanlar onların içindeki fırtınayı anlayamaz, her zamanki halleri zannedebilirler. Çatışma yaşamaktansa acı çekmeye katlanmak onlar için daha kolay bir yol olarak görünür.

Danışmanlığını yaptığım Ayten Hanım eşi ile olan problemlerini çözmek için uzun yıllar uğraşmış. Çocuklarının mutluluğu için büyük fedakârlıklarda bulunmuş ve bu yüzden çok acı çekmişti. Dış görünüşü itibarıyla çok sakin görünüyordu, ancak yaptığımız çalışmada bana içini döktüğünde gözyaşlarına hakim olamamıştı. Evliliği boyunca yaşadıklarına ve içinde kopan fırtınalara rağmen nasıl ayakta durduğunu anlattığında ben de onun ne kadar mücadeleci ve her şeyi içinde yaşayan biri olduğunu anlamıştım. Kırmızı kişilikli ve çok sert bir eşi vardı. Her ikisi de birbirini anlayamıyorlardı. Bana eşini nasıl değiştirebileceğini sorduğunda ona şöyle söyledim: "Dünyada değiştirebileceğiniz tek kişi var, o da sizsiniz." Ayrıca Ayten Hanıma kırmızı ve yeşil kişiliklerin özelliklerini öğrettim. O günden sonra sadece kendini değiştirmekle uğraşmaya başladı ve eşinin bazı özelliklerini olduğu gibi kabul etti. Ayten Hanımdaki değişimleri gören eşinde de önemli değişiklikler olmaya başlamıştı. Artık Ayten Hanım eskisinden çok daha mutlu. Kendisini ve eşini daha iyi tanıyor, kişilik özelliklerini bildiğinden çocuklarıyla daha iyi anlaşıyor.

Fazla enerji harcamayı sevmezler

Kendilerine bir iş verildiğinde en kolay yolu tercih edip meseleyi çözmeye çalışırlar. Ağır sorumluluklar almak istemezler. Kendilerine fazla enerji harcatan ortamlardan uzak kalırlar. Kullandıkları her şey kolay erişilebilecekleri yerlerdedir. Enerjileri ancak günlük işlerini halletmeye yetecek kadardır. Örneğin hareketli bir futbol maçı yapmak yerine, balık tutmayı tercih edebilirler.

Seminerlerimize katılan Begüm Hanım'ın yeşil kişilikli küçük kızı evlerine misafir geleceğini duyunca annesine yardımcı olmak istemiş. Annesi ona toz alabileceğini söylemiş ve küçük kız toz almaya başlamış. Fakat sehpanın etrafında dolaşıp toz alacağına sehpayı olduğu yerde döndürerek toz alıyormuş. Begüm Hanım önce bu duruma çok şaşırmış, fakat sonra seminerde öğrendiği bilgiler ışığında kızının yeşil kişilik özelliklerine sahip olduğunu ve işleri kolay yoldan halletmeye çalıştığını anlamıştı.

Kimseyi kırmak istemezler

Aynı anda birkaç kişinin isteğini yerine getirmeye çalışıp, kimseyi kendilerine gücendirmek istemezler. Başkalarının isteklerini fazla düşünmeden kabul eder ve kendi öncelikli işlerini aksatabilirler. Bu tutumları bazen kimseyi geri çeviremeyip, fazla sorumluluk üstlenmelerine ve kendilerinden beklenenleri geciktirmelerine sebep olabilir. Onların sizi kırmamak için "hayır" diyemediğini unutmayıp, isteklerinizi azaltmanız gerekebilir.

Kırmızı kişilikli eğitim koordinatörümüz Nurhan Hanım'la yeşil kişilikli yardımcım Yasin arabayla bir seminer takibine giderlerken Yasin'in cep telefonu çalmış. Yasin kalabalık trafikte bir taraftan araba kullanırken, bir taraftan da telefonla konuşmaya çalışıyormuş. Yasin'in kalabalık trafikte dikkatinin dağılacağını düşünen Nurhan Hanım Yasin'e dönerek; "Yasin şu telefonu kapat lütfen. Trafik çok sıkışık, bir kaza yapacaksın..." demiş. Ancak Yasin telefonu kapatamamış ve konuşmasına devam etmiş. Telefonu kapattıktan sonra Nurhan Hanım'a dönerek şöyle demiş: "Kusura bakmayın Nurhan Hanım. Konuştuğum kişi, eşim Fatma idi. Telefonu kapatamadım çünkü o da sizin gibi kırmızıdır!"

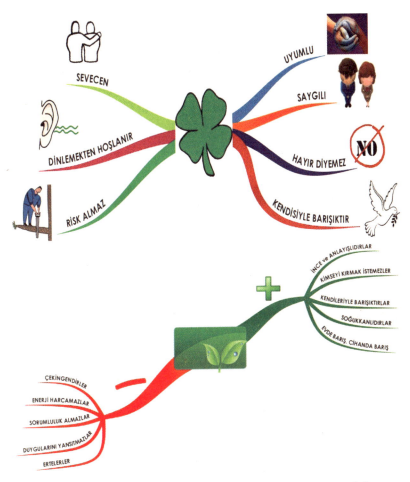

Buraya kadar dört farklı kişiliğe ait tüm özellikleri gördük. Artık sizler de hangi gruba ait olduğunuzu ve bu grubun özelliklerini çok iyi biliyor olmalısınız, herhangi bir olayda SARI, MAVİ, KIRMIZI, YEŞİL olanların nasıl tepkiler vereceğini ve onlara karşı takınmanız gereken tavırları biliyor olmanın size ne kadar büyük avantajlar sağladığını göreceksiniz. Bu bölümü; aynı olaylara karşı dört farklı kişiliğin tepkilerinin nasıl olacağını anlatan hikayelerle bitirmek istiyorum :

4 FARKLI PENCEREDEN BAKAN KİŞİLİK RENKLERİNİN AYNI DURUM KARŞISINDA VERDİĞİ TEPKİLER

ÖĞRETMEN – ÖĞRENCİ

Bir öğretmen öğrencilerinin sınav kağıtlarını tekrar gözden geçirir. Kırmızı, Sarı, Yeşil ve Mavi kişilikli 4 öğrencisinin notunu yükseltir.

Notlarını yükselttiğini söylediği 4 öğrencisinin tepkisi de farklı olur.

KIRMIZI: Zaten hakkımdı hocam.

SARI: Süpersiniz hocam. Teneffüste size bir gazoz ısmarlayabilir miyim?

YEŞİL: Sağolun hocam.

MAVİ: Kâğıdımı görebilir miyim?

OTOBÜS ŞOFÖRÜ

Çok hızlı giden bir otobüsün yolcuları şoförün hızlı gitmesinden şikâyetçidirler.

4 farklı kişilikteki insanların tepkileri de birbirinden farklıdır.

KIRMIZI: Ayağa kalkar ve "Şoför Bey lütfen yavaş gider misiniz?!" diye ikaz eder.

SARI: Muavine dönerek "Lütfen şoföre söyler misiniz? Biraz yavaş gitsin" der.

YEŞİL: Yanındaki kırmızıya dönerek lütfen şoföre yavaş gitmesini söyleyebilir misiniz der.

MAVİ: İndikten sonra şoföre şikâyet etmek için dilekçe yazmaya başlamıştır.

MASA DÜZENİ

4 Kişilik türünün de bir masada çalışmaları ve düzenleri farklıdır.

MAVİ: Son derece düzenli ve derli toplu bir masada çalışır.

SARI: Karmakarışık bir masada çalışır. Aradığını yalnız kendi bulabilir.

KIRMIZI: Masasının üzerinde sadece ihtiyacı olanlar vardır.

YEŞİL: Çalışmaya başlamadan önce kullanacağı tüm evrakları masanın üstüne koyar. Sürekli olarak masadan kalkıp ihtiyacı olan şeyleri almak için enerji harcamak istemez.

UYKUDA 4 KİŞİ

Dört farklı kişilik türünün uykuya geçmeleri birbirinden farklıdır.

MAVİ: Yatmadan önce bütün günün muhasebesini ve ertesi günün planını yaptığından uyumakta zorlanır.

YEŞİL: Ertesi sabah kırmızılarla bir randevusu varsa uyumakta zorlanabilir.

KIRMIZI: En zor şartlarda bile uyuyabilir. Çünkü ertesi sabah kalkıp problemi çözeceğinden emindir.

SARI: En zor şartlarda bile "Yarına Allah kerim!" der ve uyur.

PARMAK KALDIRMA

Yaptığım seminerlerde insanlara 4 kişilik türünü anlatıyor ve hangi gruba daha yakın olduklarını soruyorum.

4 gruptaki insanların parmak kaldırışları da farklı oluyor.

KIRMIZILAR: Hepsi kendinden emin ve parmaklarını bir komutan edasıyla kaldırıyorlar.

YEŞİLLER: Barışçıl ve sevecen yeşiller parmaklarını kaldırırken hocam sizin için ne yapabiliriz der gibi bir halleri oluyor.

MAVİLER: Bahçeyi sularken bile düzgün sulayan maviler parmaklarını kaldırırken de ciddi bir iş yaparmış gibi kaldırıyor.

SARILAR: Sıra sarılara geldiğinde salonda bir hareket oluyor ellerini kollarını sağa sola açarak ve gülerek parmaklarını kaldırıyorlar.

DÖRT RENGİN MASA DÜZENİ

DÖRT RENGİN UYKUYA GEÇİŞİ

KRAL ARTHUR VE DÖRT ŞÖVALYESİ

Kral Arthur'un farklı kişilik özelliklerine sahip dört şövalyesi vardır. Kralın yardımcısı bir gün şövalyelerin kendisine komplo kurduklarını söyleyerek şövalyelere iftira atar.

Kral yardımcısına inanır ve dört şövalyenin giyotin ile başlarının kesilmesine karar verir.

Büyük bir meydanda giyotin hazırlanır, halk toplanır ve cellat giyotinin yanına gelir. Askerler dört şövalyeyi giyotinin yanına getirirler.

Cellat şövalyeleri tanımakta ve onları çok sevmektedir, fakat emir büyük yerdendir. İlk şövalyeyi giyotinin bıçağı altına sokar ve düğmeye basar, ancak bıçak aşağı düşmez.

Kral bıçağın düşmediğini görünce bunda bir hayır var diye düşünür ve şövalyeleri affettiğini söyler. Kralın bu davranışına dört şövalyenin de farklı tepkileri olur.

Kırmızı şövalye halka dönerek;

"Bizim asılmamız zaten hataydı. Hak yerini buldu." der ve merdivenlerden aşağı iner.

Sarı şövalye arkadaşlarına dönerek;

"Haydi gelin bu olayı kutlayalım. Bu gece bütün yemekler benden..." diye bağırır, celladı da davet eder yemeğe.

Yeşil şövalye ise giyotinin kenarında üzgün bir şekilde duran celladın yanına gider ve "Üzülme, sen bir emir kulusun, biz her zaman seni severiz." der ve ona sarılır.

Mavi şövalye ise ilk şaşkınlığını üzerinden attıktan sonra giyotini inceler ve cellada dönerek şöyle der: "Bunun bıçağını iyi yağlamamışsın!"

V. BÖLÜM

KİŞİLİKLERİN KARIŞIMI

KİŞİLİKLERİN KARIŞIMI

Her insanda bu dört kişiliğin farklı karışımları bulunmaktadır. İnsanlar tek bir kişilikten ibaret değildir ve bu karışımlar aslında onların kişiliğindeki renkliliği ve farklılığı da meydana getiren unsurdur. Bu bölümde kişiliklerin farklı karışımlarının insanlarda hangi temel özellikleri meydana getirdiğini ele alacağız.

Kırmızı-Sarı: Girişken

Her iki kişilik de girişken, cesur, hareketli ve iyimserdir. Bu kişilerin motivasyonu kolay kolay bozulmaz. Bu gruptakiler desteklenmeye ihtiyaç duymayabilirler. Hatta bazı durumlarda onlara riskleri göstermek gerekebilir. Kişilik karışımlarından kaynaklanan bu durum onları hiperaktif bir kişi yapar. Genellikle çelişki yaşamazlar ve her probleme kolaylıkla çözüm bulmak gibi bir becerileri vardır. Buldukları sıra dışı çözümler çevrelerindeki diğer insanları şaşırtabilir.

Bu iki kişiliği ağırlıklı olarak içinde taşıyan bir kişi bir yandan güç odaklı hareket etme özelliğine sahipken, diğer yandan bu gücü kullanırken eğlenmesini de bilir.

Bu karışıma verebileceğimiz en iyi örnek Türk siyasi hayatında bir döneme damgasını vuran rahmetli Turgut Özal'dır. Kendisi bu iki özelliği üzerinde taşıyan belki de tek başbakan ve cumhurbaşkanıydı. Bir yandan alınması son derece güç ve riskli kararlar alırken, bir yandan da eğlenmeyi ve insanları motive etmeyi biliyordu. Bunları yaparken bir yandan Red Kit okuyup Kemal Sunal filmleri seyrettiğini açıkça ifade ederek, sarı kişiliğinden kaynaklanan bu yönünü hiç saklamadı. Ayrıca askeri denetlerken giydiği kıyafetler herkesi şaşırtan türdendi, bunu ancak sarı kişilikli bir başbakan yapabilirdi. Hastalığı sırasında gazetecilerle konuşurken üstündeki pijamaları çıkarmaması yine bu yönünden kaynaklanan bir davranıştı. "Anayasa'yı bir kere delsek ne olur?" sözü ile aşırı kuralcılığa ve prosedürcülüğe karşı çıkışı ise sarı-kırmızı kişiliğinin sonucuydu. Kendisine suikast düzenlenen bir salonda herkes panik yaşarken o, güçlü kararlı ifadesiyle tekrar mikrofonu ele alarak; "Allah'ın verdiği canı sadece Allah alır!" diyebiliyordu. Güçlü ve hedefe yönelik kırmızı kişiliğiyle her türlü zorluğun altından kalkmasını başarıyordu. Eşi Semra Özal ise, mavi kişilik özellikleriyle onu tamamlarken, kırmızı kişilik özellikleriyle de birçok konuda eşinin kararlarını etkileyebiliyordu.

> Bu iki kişiliği ağırlıklı olarak içinde taşıyan bir kişi bir yandan güç odaklı hareket etme özelliğine sahipken, diğer yandan bu gücü kullanırken eğlenmesini de bilir.

Sarı ve kırmızı her ikisi de atak renklerdir.

Kırmızı-Mavi: İş Odaklı

Kırmızının güçlü kararlı yönüyle mavinin planlı programlı ve düzenli yönünün bir araya geldiği etkili bir karışımdır. İki iş odaklı kişiliğin birleşmesi bazen kişiyi yorabilir. Kırmızı-mavi grubundaki kişilerin parolaları "hemen ve en iyi şekilde yapmak" olduğundan bu kişiler işini önemser, doğru bir şekilde ve kısa sürede bitirmeye odaklanırlar. Gece rüyalarında bile yapacakları işi görebilirler ve sonuç almadan asla rahat etmezler. En büyük sorunları, sonuca hedeflenen kırmızı ile detayları önemseyen mavinin bazı konularda uyum sağlayamamasıdır.

Medya dünyasından tanıdığımız Hulki Cevizoğlu bu kişiliğin en güzel örneklerinden biridir. Mavi kişiliğinin gereği olan detaycılık ile özellikle programında işleyeceği konuyu en ince ayrıntısına kadar analiz ediyor, soracağı soruları titizlikle seçiyor. Kırmızı kişiliğinin getirdiği sonuç odaklı yönüyle de hazırladığı bu soruları istediği sonuca ulaşacak şekilde muhatabına soruyor. Üzerinde çalıştığı her konu hakkında detaylı bilgi edinip kırmızı kişiliğiyle karşısındaki kişiye "Ben bu konuyu çok iyi biliyorum, beni yönlendiremezsin..." mesajını oldukça güçlü bir şekilde veriyor.

Mavi kişiliğinin getirdiği detaycılıktan dolayı programı bazen sabahlara kadar sürüyor. Ancak Cevizoğlu bir hedef adamı olması sebebiyle sonunda tartışılan konunun nereye vardığını, herkesin anlayabileceği bir şekilde özetliyor.

Yaptığı işe büyük bir saygısı olduğu, en ufak detayı dahi atlamamaya çalışması Hulki Cevizoğlu'nun mükemmeliyetçi tarafını net bir şekilde gösteriyor. Diğer taraftan yaptığı işle ve konuyla ilgili olarak kişilere sınırı aştıklarında gereken cevabı verip güçlü kararlı yönünü açık bir biçimde hissettiriyor. Karşısındakini dinlerken ve detayları not alırken mavi yönünün tüm özelliklerini kullanarak kişinin tarzını ve bilgisini analiz ediyor ve soracağı soruları kırmızı kişiliği sebebiyle muhatabına açık bir şekilde soruyor. Aldığı cevap tatmin edici değilse yeni sorularla net cevabı alana kadar soru sormaya devam ediyor.

> En büyük sorunları sonuca hedeflenen kırmızı kişilikle detayları önemseyen mavi kişiliğin bazı konularda uyum sağlayamamasıdır.

Mavi-Yeşil: Temkinli

Her iki kişilik de tedbirli, fazla düşünerek karar veren ve içe kapanık bir yapıya sahiptir. Mavi kişiliğin düzen ve tertibi, yeşil kişiliğin sevecenliğiyle birleştiğinde ortaya uyumlu ve düzenli bir kişilik çıkar. Ayrıca yeşilin rahat tutumunun sebep olacağı bazı olumsuz sonuçlar, mavinin planlı ve programlı oluşunun etkisiyle olumluya dönebilir. İki içe kapanık kişiliğin bir araya gelmesinden oluşan bu karışıma sahip kişiler işlerini sabırla ve düzen içerisinde yaparlar ve fazla göze batmayı sevmezler. Cesaret edip yeteneklerini sergileyebilirlerse toplumda çok başarılı olabilirler.

Bu kişilik yapısına vereceğimiz en iyi örnek yine eski başbakanlarımızdan Bülent Ecevit'tir. Barışçıl, sevecen ve şair yönüyle yeşil kişiliğini sergilerken; planlı düzenli ve detaycı yönleriyle de mavi kişiliğinin özelliklerini yansıtıyordu.

Kuruluşundan itibaren kırmızı başkanlarla yönetilen CHP ilk defa onun döneminde yeşil-mavi kişiklikte bir başkan tarafından yönetildi. Parti içinde bu kişiliği ile kazandığı konumunun arkasında kırmızı kişilikli eşi Rahşan Ecevit'in rolünü de unutmamak gerekir.

> *Mavinin düzen ve tertibi, yeşilin sevecenliğiyle birleştiğinde ortaya uyumlu ve düzenli bir kişilik çıkar.*

Ecevit'in siyasi hayatımızda asla bir araya gelemeyecek olan partiler arasında daima arabulucu ve dengeyi sağlayıcı bir rol oynaması, ülkemizin koalisyonlarla yönetildiği bu dönemlerde uzlaşmacı ve barışçıl olması, kendinden çok farklı düşünen insanlarla ortak noktalar bulması hep yeşil kişiliğinin doğal arabuluculuk özelliğinden kaynaklanmaktadır. Mavi kişiliğinden kaynaklanan detaycı yönüyle de bu tür iş birliklerinin nasıl yürüyebileceğini planlayabiliyordu. Ancak yeşil kişiliğinden gelen merhametli yönünü kullanan çevresindeki bazı insanlar yüzünden siyasette zaman zaman büyük sıkıntılar yaşadı.

> *Sarı kişiliğin esprili ve eğlenceli yönlerini yeşil kişiliğin barışçıl yönüyle birleştiren bu gruptaki insanlar toplumda çok sevilen, renkli bir kişiliğe sahiptirler.*

Yeşil-Sarı: İnsan Odaklı

Sarı kişiliğin esprili ve eğlenceli yönlerini yeşil kişiliğin barışçıl yönüyle birleştiren bu gruptaki insanlar toplumda çok sevilen, renkli bir kişiliğe sahiptirler. İnsanlarla iç içe olmayı, sürekli grup halinde çalışmayı seven yeşil-sarı kişiliğe sahip olanlar; neşelerini ve sevecenliklerini grup içerisinde çok rahat gösterirler. İşe odaklanmada zorluk çekerler, onay ve takdir sözcüklerine ihtiyaç duyarlar. Ciddi ve önemli kararları almak konusunda sıkıntı yaşarlar. Zaman konusunda ise yeşil kişiliğin rahatlığından kaynaklanan ve sarı kişiliğin düzensizliğinden gelen bazı problemler yaşayabilirler. İnsani ilişkilerde çok iyidirler.

Bu kişiliğe verebileceğimiz örnek, sanat dünyamızın en sevimli simalarından biri olan Metin Şentürk'tür. Gözleri görmemesine rağmen sarı kişiliğinin getirdiği özelliklerle son derece neşeli bir tavra sahiptir. Yeşil kişiliğinden gelen barışçıl, sevecen ve rahat tavırlarını da her zaman her yerde açıkça sergilemektedir. Hatta bazen insanlar onun bu tavırlarını abartılı bulabilirler.

Yeşil kişiliğinden kaynaklanan, durumu olduğu gibi kabul etme yönüyle, gözlerinin görmemesi konusunda kendini rahatlatırken aynı zamanda insanların da bu durumdan rahatsızlık duymamasını sağlayabiliyor. Özellikle bu yönüyle ilgili espriler yaparak hayatı, kendisi ve etrafındaki insanlar için daha yaşanılabilir bir hale getirmeyi başarabiliyor. İnsanlar onunla beraberken içinde körlük geçen kelimeleri kullanmaktan çekinirken kendisi tam tersine bu kelimelerle sürekli espriler yaparak çevresindekileri şaşırtıyor. İş hayatında başarılı bir grafik çizen Metin Şentürk, etrafındakilerle çatışma yaşamamasını sağlayan yeşil kişiliğini ve insanları eğlendiren yönüyle de sarı kişiliğini sergileyerek başarısını devam ettiriyor. Metin Şentürk'ün yaşadığı bir olay yeşil-sarı kişiliğinin tüm özelliklerini ortaya koyuyor:

Bir gün Metin Şentürk'ün ayağı kırılır, sargılar içerisinde ayağını uzatmış oturuyorken bir tanıdığı ziyaretine gelir ve sorar: "Nasılsın Metin?"

Metin Şentürk kendine has üslubuyla cevap verir: "Kör topal idare ediyoruz abi!"

Kırmızı-Yeşil: Med-Cezir

Bu karışıma sahip olan bir insan kırmızı kişiliğinden dolayı enerjik, kararlı, dışa dönük ve sonuç odaklıdır; ancak yeşil kişiliğinden dolayı merhametli, insancıl, içine kapanık, kararsız ve risk almaktan çekinen yönlere de sahiptir. Bundan dolayı bu kişilik karışımına sahip olan kişiler hayatlarında sürekli iniş çıkışlar yaşayabilirler. Bir tarafları aldığı kararı uygulamak isterken diğer tarafları bunu ertelemek ister.

Bu gruptakilerde bazen yeşil kişiliğin merhametli ve barışçıl yönü, bazen de kırmızı kişiliğin kesin kararlı ve katı tutumu ön plana çıkar. Böylece bu kişilerin aldıkları kararlar kendilerini ve çevrelerindeki insanları çok şaşırtabilir. Kırmızı-yeşil özelliklere sahip bir kişi; ilk başta grupta kontrolü eline almak isterken, bir süre sonra ağır gelen bu sorumluluktan kurtulmaya çalışabilir. Bazen kontrolü kaybettiği için bazen de büyük sorumluluklar aldığı için strese girebilir. Bu kişiler her şeyden önce kişiliklerindeki bu farklılığı anlamalı ve hangi yönlerini nerede öne çıkaracaklarını iyi bilmelidirler.

> *Bu gruptakilerde bazen yeşil kişiliğin merhametli ve barışçıl yönü, bazen de kırmızı kişiliğin kesin kararlı ve katı tutumu ön plana çıkar. Böylece bu kişilerin aldıkları kararlar kendilerini ve çevrelerindeki insanları çok şaşırtabilir.*

Bu kişiliğin tipik örneklerinden biri siyasete bir dönem damgasını vuran Tansu Çiller'dir. Siyasete girip önce parti başkanı sonra başbakan olduğunda kırmızı kişiliğinin güçlü kararlı ve hedefe kilitlenen yönünü kullandı. Tansu Çiller Türkiye'nin ilk kadın başbakanı olurken, yeşil kişiliğinin gereği olan merhametli yapısı ve etrafındaki insanlara sıcak yaklaşmak istemesi bir müddet sonra kendisinde birtakım çelişkilerin ortaya çıkmasına neden oldu. Çünkü bir taraftan çevresindeki insanların sözlerini dinliyor, birtakım kararlar alıyor, bir müddet sonra ise bu kararları değiştirebiliyordu. Bu durum halk nazarında puan kaybetmesine yol açtı. Evliliğindeyse eşine kendi soyadını kabul ettirmesi onun kararlı yönünü ortaya koyarken, Özer Çiller'in daha ziyade yeşil kişiliğe sahip olması bu evliliğin pürüzsüz bir şekilde yürümesine katkıda bulunuyordu. Tansu Çiller akademik hayatında ise yine kırmızı kişiliğinden gelen güçlü kararlı yönünün etkisi ve yeşil kişiliğinden gelen sabrı sayesinde başarılı bir tablo çizmiştir.

Sarı-Mavi: Çelişki

Eğlenceli, canlı, hareketli ve dışa dönük bir kişilikle düzenli, programlı, düşünceli ve içe dönük bir kişiliğin bir araya gelmesinde bazı çelişkiler meydana gelebilir. Bu kişilik karışımına sahip biri, sarı kişiliğiyle coşkuyu, eğlenceyi, heyecanı ararken; mavi tarafı ise bunların gereksiz olduğunu ve daha normal çizgide bir hayata sahip olması gerektiğini söyler. Bundan dolayı kişi içinde çelişkiler yaşar.

Bir işin hazırlık aşamasında mavi kişilik özelliğiyle plan ve programını iyi bir şekilde yapan bu kişiler, sarı kişiliklerinin rahat ve eğlenceli tarzı yüzünden uygulama safhasında zorluk çekebilirler. Birebir ilişkilerinde sarı kişiliğin neşesi ve coşkusuyla başlayan ilişki, mavi kişiliğin temkinli ve alıngan yönüyle farklılıklar gösterebilir.

Yine sanat dünyamızın renkli karakterlerinden Ferhan Şensoy sahneye çıktığında sarı kişiliğinden kaynaklanan özelliklerini rahatlıkla sergileyebilmektedir. Günlük gazeteleri okuyarak tiyatro yapacak kadar doğaçlama bir espri yeteneğine sahip olan Ferhan Şensoy'un iş hayatında sahne öncesi ve sonrasında mavi kişilik özelliklerinin öne çıktığını görüyoruz. Çalışmalarında çok fazla titiz oluşu ve en ufak ayrıntılara dahi çok dikkat edişi onun bu kişilik özelliğini yansıtmaktadır. Tiyatroda insanları güldüren ve eğlendiren Ferhan Şensoy, sahneden indiğinde bambaşka bir insan olmaktadır. Sarı kişiliğinin özelliklerini kullanarak, işlemediği bir suç yüzünden yıllarca hapiste yatan bir "adaletzede"nin gazetede çıkan öyküsünden "Pardon" adlı komik bir film üretebilecek kadar yetenekli olan Ferhan Şensoy bu filmi hayata geçirirken mavi kişilik özelliklerini kullanarak başta yönetmen olan oğlu olmak üzere tüm oyunculara titizliği ile kök söktürmüştür.

> *Sarı kişiliğiyle coşkuyu, eğlenceyi, heyecanı ararken; mavi tarafı ise bunların gereksiz olduğunu ve daha normal çizgide bir hayata sahip olması gerektiğini söyler. Bundan dolayı kişi içinde çelişkiler yaşar.*

Ayrıca, Münir Özkul'un İsmail Dümbüllü'den aldığı ve kendisine verdiği kavuk meselesinde, kendinden sonra bu kavuğu, işini kurallarıyla yapan, ciddiye alan ve ayrıntılara dikkat eden bir tiyatro sanatçısına vermek istemesi ve böyle bir sanatçıyı bulamadığını söylemesi, onu sarı kişilik özelliklerinden uzaklaştırmakta mavi kişilik özelliklerini ön plana çıkarmaktadır. Özel hayatında ise zaman zaman sarı kişiliğinin verdiği neşeli tavırdan bir anda sıyrılıp titiz ve mükemmeliyetçi bir tarza dönüşmesi bazen etrafındaki insanları şaşırtmaktadır. Ferhan Şensoy'un yıllar süren evliliğinin bitişini de belki bu sebebe bağlayabiliriz.

Lavabo : Sarılar en yakın lavabo neredeyse orada ellerini yıkamayı tercih eder.Mutfak lavabosunda el yıkamasına izin vermeyen bir maviyi sarıların anlaması çok güçtür.

Balayı:

Dört Ayrı Kişiliği Yerinde Kullanmak

Şimdiye kadar anlattığımız kişilik özellikleri insanlarda saf olarak tek başına bulunmaz. Her insanda bir parça da olsa her bir kişiliğin renginden muhakkak vardır. Yaptığım incelemelerde başarılı olan tüm insanların kendi kişiliklerini doğru yerde ve doğru zamanlarda sergilediklerini gördüm. Öğrendiklerimden edindiğim sonuçlar doğrultusunda seminerlerimde daima sarı kişiliğimi öne çıkarıyorum. Birebir ilişkilerimde de bunun faydasını görüyorum, çünkü insanlar eğlenceli bir kişiyle konuşmayı severler. Ancak çok istemeyerek de olsa önemli bir karar alırken ya da detay gerektiren bir işle meşgul olurken mavi kişilikli bir insanın tavrına girerim. Yapmam gerekenler bittiğinde de hemen o frekanstan çıkarım; çünkü benim baskın kişiliğim o değildir.

Ekibimle zor bir karar almam ve elimi masaya vurmam gerektiğinde kırmızı yönümü ortaya çıkarmam gerektiğini bilirim. Çünkü bir taraftan gülerken bir taraftan masaya yumruk atamazsınız. Eşimle alışverişe çıktığım zamanlarda ya da evin içinde çocuklarımla ilgili bir problemi halletmem gerektiğinde de yeşil yönümü kullanıp o problemi ortadan kaldırmaya çalışırım.

Nasrettin Hoca ve Dört Farklı Yönü

Kendi değerlerimizden bu dört kişiliği kullanma konusunda verebileceğim en güzel örneklerden biri, yaşadığı her olay, insanlar arasında çözdüğü her problem ve söylediği her güzel cümlesi, aynı zamanda nükteli ve değerli bir hayat dersi olarak günümüze kadar ulaşmış olan Nasrettin Hoca'dır.

Nasrettin Hoca dört farklı yönünü de mükemmel derecede kullanmış bir insandır ve bu yüzden onun fıkralarında herkes kendinden bir şeyler bulmaktadır. Çünkü Nasrettin Hoca son derece barışçıl, sevecen, neşeli bir insandır. Ama aynı zamanda da mükemmeliyetçi bir yönü vardır. Nasrettin Hoca'nın her şeyi derli topludur; ölçülü, planlı ve programlıdır. Gereğinde güçlü kararlı yönünü ortaya koyarak olayları kontrolü altına almakta, gereğinde de sarı yönünü ortaya çıkararak insanları alabildiğine güldürmektedir.

Aşağıda Nasrettin Hoca'nın hayatından verdiğimiz örnekler; farklı zamanlarda farklı ve doğru kişilik özelliklerini sergilemesinin en güzel ifadelerinden yalnızca birkaçıdır.

Karar verirken olayları enine boyuna düşünen Nasrettin Hoca

Bir gün Nasrettin Hoca'ya bir adam gelir ve sorar: "Hocam, buradan ileriki köye yürüyerek kaç saatte varırım?"

Hoca adama bakar ve "Bilmiyorum." der. Adam, "Nasıl bilmezsin Hoca? Yıllardır bu köyde oturmuyor musun?" diye kızar ve söylenerek yürümeye başlar. Biraz yürüdükten sonra Nasrettin Hoca adamı yanına çağırır ve şöyle der:

"Altı saatte varırsın..."

Adam şaşırır ve sorar:

"Hocam, neden biraz evvel sorduğumda söylemedin de şimdi söylüyorsun?"

Hoca şöyle cevap verir:

"Ben senin nasıl yürüdüğünü bilmiyordum ki!"

Sıradışı hayaller kuran Nasrettin Hoca

Şimdi de Nasrettin Hoca'nın günlük halini yansıtan sarı kişiliği ile ilgili bir fıkrasını okuyalım:

Bir gün Nasrettin Hoca göl kenarında oturmuş. Elindeki yoğurt kâsesiyle göle maya çalıyormuş. Bunu gören komşusu şaşırıp sormuş:

"Hocaefendi delirdin mi? Hiç göl maya tutar mı?"

Hoca cevap vermiş:

"Tutmaz bilirim ama ya tutarsa?"

Uzlaştırıcı ve barışçıl Nasrettin Hoca

Nasrettin Hoca, aralarında anlaşamayıp çözüm için kendisine gelen kişilere yeşil kişiliğinden dolayı mükemmel arabuluculuk yaparmış.

Bir gün yine böyle bir şey olmuş ve iki kişi Nasrettin Hoca'ya gelmiş. Hoca bu iki kişiden birincisini detaylı olarak dinlediğinde ona "haklısın" demiş. Daha sonra ikinci kişiyi de detaylarıyla dinlediğinde ona da "haklısın" demiş.

O sırada bu olayı duyan hanımı;

"Hocam hem ona haklısın dediniz; hem de diğerine. Nasıl oluyor da her ikisi birden haklı oluyor?" diye sorduğunda Nasrettin Hoca "Sen de haklısın hanım!" demiş.

Yönlendiren ve otoriter Nasrettin Hoca

Bir gün Nasrettin Hoca oğlunu çağırmış ve eline bir testi vererek su getirmesini istemiş. Suya göndermeden önce de oğluna hafifçe bir tokat atmış ve "Sakın testiyi kırayım deme!" diye tembihlemiş. Bunu gören biri Hoca'ya sormuş: "Hoca, çocuk daha testiyi kırmadı ki, neden dövüyorsun onu?"

Hoca şöyle cevap vermiş: "Testi kırıldıktan sonra dövmenin ne faydası var?"

Yunus Emre ve Dört Farklı Yönü

Dört farklı kişilik özelliğini en güzel şekillerde kullanabilmeyi başaran bir başka örneğimiz de tasavvuf büyüklerinden Yunus Emre'dir. Bunları yaparken dört farklı kişiliğin de en olumlu yönlerini kullanmış, olumsuz yönlerini ise hayatından çıkarmak için çok uğraşmıştır. Yunus Emre adeta "Bu dört kişiliğin olumlu özelliklerini hayatıma nasıl geçireceğim?" diye düşünenler için bir rehberdir.

Yunus Emre senelerce mürşidine dağlardan odun taşımıştır. Ancak getirdiği odunların hepsi ip gibi düzgün ve dosdoğrudur. Bir gün mürşidi Taptuk Emre Hazretleri ona;

"Ey Yunus, bu ne iştir? Hiç eğri odun getirmiyorsun?" buyurunca Yunus:

"Efendim, bu kapıya eğri odun yakışmaz." cevabını vermiştir.

Burada Yunus Emre mükemmeliyetçi, ince düşünceli, terbiyeli, sadık, düzenli yönünü herkese örnek olacak şekilde kullanıyordu.

Yunus Emre, sevgi ve bağlılığını Yüce Allah'a yönelterek gerçek bir sevgi ve muhabbet insanı olduğunu göstermiştir. Aşağıdaki dörtlük de bunun en güzel ifadelerinden biridir.

Cennet cennet dedikleri
Birkaç köşkle birkaç huri
İsteyene ver onları
Bana seni gerek seni

Ayrıca Yunus Emre'nin "Yaratılanı severim, Yaradan'dan ötürü" sözü de insancıl ve sevecen yönünü çok güzel anlatıyor.

Yunus, Allah aşkı söz konusu olduğunda gözü hiçbir şeyi görmeyen ve o yolda her türlü engeli aşabileceğini gösteren tavrıyla da güçlü kararlı yönünü yansıtıyor.

Yunus Emre, ardında yüzlerce eser bırakmıştır. Vefatından sonra onun bu eserlerini toplayan Molla Kasım, derin bir tasavvuf bilincine sahip olmadığından, Yunus'un eserlerinde Allah'a olan aşkını ve derin tasavvufi duygularını okuduğunda bunları anlayamamış ve eserleri ortadan kaldırmaya karar vermiş.

Molla Kasım, Yunus'un eserlerini teker teker dereye atıyorken eline aşağıdaki şiir geçmiş ve bu şiiri görünce donup kalmış, böylece Yunus Emre'nin gerçek bir Allah dostu olduğunu da anlamış.

Yunus Emre bu şiirinin son iki satırında Molla Kasım'a kerametle bir gönderme yapıyor.

Ben Dervişim Diyene Bir Ün Edesim Gelir

Ben dervişim diyene
Bir ün edesim gelir
Tanıyuban şimdiden
Varup yetesim gelir

Sırat kıldan incedir
Kılıçtan keskincedir
Varıp anın üstüne
Evler yapasım gelir

Altında gayya vardır
İçi nâr ile pürdür
Varıp ol gölgelikte
Biraz yatasım gelir

Ta'n eylemen hocalar
Hatırınız hoş olsun
Varuban ol tamu'da
Biraz yanasım gelir

Ben günahımca yanam
Rahmet suyunda yunam
İki kanat takınam
Biraz uçasım gelir

Andan Cennet'e varam
Hak'kı Cennette görem
Huri ile gılmanı
Bir bir koçasım gelir

Derviş Yunus bu sözü
Eğri büğrü söyleme
Seni sıygaya çeker
Bir Molla Kasım gelir

VI. BÖLÜM

FARKLI KİŞİLİKLERİN MOTİVASYONU

FARKLI KİŞİLİKLERİN MOTİVASYONU

Motivasyon en basit tanımlama ile bir kişiyi harekete geçirmeye ve bir şeyler yapmasını sağlamaya yarayacak teşvik edici unsurdur.

Motivasyonun iki yönü vardır:

Birincisi istediğimiz sonuçlara yakınlaşma niyeti; ikincisi ise istemediğimiz sonuçlardan uzaklaşma niyetidir. Buna göre motivasyon:

a. Acıdan kaçınma yönünde

b. Hazza ulaşma yönünde gerçekleşir.

Bunu anlamak için kişiye bir şeyi niçin istediğini sorun. Yaklaşmacı olan zevk almak, ödül almak istediğini söylerken; uzaklaşmacı olan sorun yaşamak istemediğini söyleyecektir. Zevk yönlü kişiler istediği şeye doğru koşarlar. Bir nevi ödüle koşarlar. Bu şekilde motive olurlar.

Acıdan kaçanlar ise istemedikleri şeylerden uzaklaşırlar. Örneğin üniversite sınavına hazırlanan iki öğrenciden biri kazandığında nelere kavuşacağını hayal ederek ders çalışırken, diğeri kazanamadığında yaşayacağı zorlukları düşünerek ders çalışır... Hangi kişilikte olursak olalım bu tavrın her ikisini de hayatımızda belli oranlarda kullanırız.

> *Değiştirebileceğimiz tek kişinin yalnızca kendimiz olduğunu anladığımızda iletişimde en geçerli ve en kısa yolu da keşfettik demektir.*

Hayatımızın her alanında; işte, arkadaşlıkta, evlilikte, ebeveynlerde ve toplumsal ilişkilerimizde bazen inişler ve çıkışlar yaşarız. Farklı kişiliklere sahip kişilerle ilişkilerimizde kendimize odaklandığımızda ve değiştirebileceğimiz tek kişinin yalnızca kendimiz olduğunu anladığımızda iletişimde en geçerli ve en kısa yolu da keşfettik demektir. Hem kendi iyiliğimiz hem de tüm insanların zor zamanlarındaki sıkıntılarını ve ihtiyaçlarını gidermek için neler yapmamız gerektiğini bilmek çok önemlidir.

Kişilik türünü bilmeden çevremizdekileri nasıl motive edeceğimizi bilemeyeceğimiz gibi, onları stresten de uzaklaştıramayız. Bu sebeple öncelikle kendimizin ve çevremizdekilerin kişiliğini çok iyi tanımış olmamız gerekir.

Kişilik Türlerine Göre Motivasyon Önerileri

Kırmızılar

Bu kişilik türündeki kişiler genellikle daha az motive edilmeye ihtiyaç duyan, lider ruhlu ve girişken kişilerdir. Bir işte lider veya baş olacaklarını hissettikleri zaman o işe ilgi duyarlar. Yani bir kırmızıyı motive etmek istiyorsanız ona lider olacağı hissini vermelisiniz. Çünkü onlar kuralları kendilerinin koymasından hoşlanırlar. Kimseye boyun eğmek istemezler. İşlerin kendi istedikleri gibi ve hemen olmasını isterler.

Örneğin iş ortamında bir kırmızıyı motive etmek gerekiyorsa, ona işin sonucu ile ilgili sözler söylemek gerekir. Çünkü onlar, daha önce de belirttiğimiz gibi detaylara fazla önem vermeyen ve sonuca odaklı kişilerdir. Aktif yapıda ve iç referanslıdırlar. Olaylara genel bakış açısı ile bakarlar.

İşlerin kontrolünü kaybettikleri zaman strese girerler. Makam, unvan ve prestij kaybetmek onlar için kontrolü kaybetmek anlamına gelir. İş ve para kaybettiklerinde çok önemsemezler. Çünkü nasıl olsa bunu halledeceklerdir.

Stresli olduklarında daha çok çalışırlar. Zamanla yarışıp, sorunları dar zamana sığdırmak için etrafındakilere meydan okurlar. Olayların kontrolleri altına girdiğini gördüklerinde sakinleşebilirler. Aksi halde her an uç noktalarda eyleme geçebilirler.

Onları motive etmek için harekete teşvik edin. Yepyeni umutlar vererek daha çok cesaretlenmelerini sağlayın. Onlara "Yapabilirsin" mesajını verin. "Sen zeki ve iradeli bir kişisin..." deyin. Bu gruptaki kişilerin pratik adımlar atmalarında yardımcı olun.

Endişenizi belli etmeyin. Uğraştığı şeyi bırakıp dinlenmesini tavsiye etmeyin. "Çok yoruldun, bırak hayatını yaşa, tatile çık..." gibi sözleri onlar için kullanmayın. Çünkü onlar, sorunlarını daha çok çalışarak halletmeye çalışan kişilerdir.

Hacı Ali'yle bir seminerde karşılaştığımda kendisinin kırmızı kişilikli, kafasına koyduğu her işi yapan bir kişi olduğunu anlamıştım. Kendisi küçük yaşlardan itibaren yemek yapmaya çok meraklıymış ve aşçıbaşı olmayı istiyormuş. İstanbul'a geldiğinde hiç yemek yapmayı bilmiyormuş.

> *İş ortamında bir kırmızıyı motive etmek gerekiyorsa, ona işin sonucu ile ilgili sözler söylemek gerekir.*

Buna rağmen aşçı olmak için bir lokantaya başvurmuş. İşe başladığı ilk lokantadaki bulaşıkçıdan fasulyenin nasıl yapıldığını öğrenmiş. Fasulyeyi pişirmiş ve kovulmuş. İkinci lokantada ise bir kebapçıdan pilav yapmayı öğrenmiş ve lapa gibi bir pilav yaptıktan sonra oradan da kovulmuş. Neredeyse yirmi kadar lokantanın her birinde bir yemek yapmasını öğrendikten sonra oralardan kovulmuş. En sonunda dört yıldızlı bir lokantanın aşçıbaşı olmayı başarmıştı. Seminer sırasında Hacı Ali'nin değerler sıralamasını yaptığımızda öğrenmek, güç, başarmak gibi değerlerin onun için çok önemli olduğunu görmüştük. Mutluluk ve huzur gibi kavramlar onun değerler sıralamasında hiç yoktu. Bu da onda büyük bir stres meydana getiriyordu. Bu düzensiz hayattan eşi de hiç memnun değildi. Hacı Ali öncelikleri arasına mutluluğu ve huzuru almayı başardıktan sonra onun hayatında çok şey değişti ve stresli ruh hali sona erdi. Ayrıca uzun süreli bir eğitim programına katılarak hedeflerini, hayallerini, misyonunu, vizyonunu yeniden düzenledi. Yapmış olduğumuz program doğrultusunda adımlar atmaya başladı. Her geçen gün hedeflerine doğru adım adım ilerlerken insanlarla olan iletişimindeki farklılıklar da onun hedefine ulaşmasını kolaylaştırıyordu.

Şimdi onun artık eskisinden daha büyük hedefleri var. Ancak bunları gerçekleştirmek için çalışırken mutlu olmayı da ertelemiyor.

Maviler

Maviler detaylara önem veren ve kuralları olan insanlardır. Daima kurallara uymaktan yanadırlar. O yüzden bir maviyi motive etmek istiyorsanız işi ayrıntıları ile anlatın ve bir plan program yapın. İşi mükemmel ve düzgün bir şekilde yapacakları hissini vermezseniz onları harekete geçiremezsiniz. Çünkü biraz karamsardırlar. Riskleri önceden görürler.

> *Bir maviyi motive etmek istiyorsanız işi ayrıntıları ile anlatın ve bir plan program yapın.*

İşler düzenli yapılmayıp, mükemmellik anlayışları sarsıldığında, hayatları kusursuz olmadığında bir de etraflarında ciddi olmayan, düzensiz insanlar gördüklerinde çok yıpranırlar ve strese girerler. Ciddiye alınmadıklarını düşünürler. Hassas, narin ve derin düşünceli olduklarından çabucak incinir ve mahvolurlar. Onlar için bunlar çok kötü anlardır.

Mükemmellik için daha çok çalışırlar. Problemleri daha çok analiz ederler, konu üzerinde daha fazla düşünürler. Bir nevi inzivaya çekilir, sorunlarıyla ilgili yazar, çizerler. Kendilerini geri çeker ve kitaplardan çözüm beklerler.

Strese girdiklerinde kendileri sizinle konuşana kadar siz sessiz kalmayı tercih edin. Bırakın önce onlar konuşsunlar. Siz onlara soru sormayın, sabırla bekleyin. Onları suçlamadan konuşun; bulundukları ruh haline girin ve onları oradan ağır ağır çıkartın. "Neler hissettiğini anlamaya çalışıyorum..." şeklinde konuşun. Onları asla yalnız bırakmayın ve en önemlisi de uğraşmaktan asla vazgeçmeyin. Çünkü onlar zaten pes etmenizi beklerler.

Sözlerinize hayatın ne kadar da güzel olduğunu söyleyerek başlamayın. Kederlerini küçümsemeyin. "Bir şeyleri de iyi tarafından gör..." demeyin. Öz benliklerindeki en iyi olma özelliğini sarsmayın. Böyle bir durumda onlara "Kalk eğlenelim, neşelenelim..." gibi öneriler getirmeyin.

Danışmanlığını yaptığım bir yönetici güvenlik firmasında çalışıyordu ve mavi kişiliğe sahipti. Bana müracaat ettiğinde kelimenin tam anlamıyla depresyondaydı. Yeşil bir patronu, koyu kırmızı baskıcı bir genel müdiresi vardı. Koyu kırmızı genel müdire, çalışanları ezdikçe eziyordu. Serdar Bey işyerinde çok mutsuzdu. Bu mutsuzluğu eve de taşıyordu. Mükemmeliyetçi mavi bir kişi olduğundan evdeki işlerini de aynı titizlikle sürdürüyordu. Bazen evdeki temizlikçi kadına rafları silmeyi öğretecek kadar kusursuzluk isteğini abartıyordu. Eşi durumdan hiç memnun değildi ve mutlaka bu durumun çözülmesi gerektiğini düşünüyordu. Şirketin genel müdürü olan bayanın kendisini her geçen gün daha çok ezmeye çalıştığını ve eşinin de bu işten ayrılmasını istediğini söylediğinde Serdar Bey'e üç soru sordum:

1. Üst düzey yöneticilik yapan eşiniz işten ayrılınca sizi destekler mi?

2. İşsiz kaldığınız sürece sizi geçindirecek bir birikiminiz var mı?

3. Kolayca yeni bir iş bulabilir misiniz?

Bu üç soruya da "evet" cevabını verdi ve beraberce onun bu işten ayrılması gerektiğine karar verdik. Bu kararı aldığımız gün müthiş rahatladı. Artık işyerinde yeni proje kararları almıyordu ve elindeki projeleri bitirerek üç ay sonra işinden ayrılacaktı. Her türlü planı yaptık. Üç aylık bir çalışmadan sonra işyerine istifasını verdi. Patron ve genel müdür şok olmuşlardı. Ancak o zaman Serdar Bey'in değerini anladılar ve ona şirkette danışmanlık yapmasını, yeni yetişen gençlere işi öğretmesini istediler. Serdar Bey şu anda keyifli bir şekilde çalışıyor. Hayatında zorluk çıkaran, kendi koyduğu kuralları azaltıyor. Ailesini daha mutlu ediyor ve temizlikçi kadının işine karışmıyor. Ayrıca NLP'yi öğrenerek iş dünyasında birçok insana danışmanlık yapmak üzere planlar yapıyor.

Sarılar

Sarılar eğlenmeyi ve eğlendirmeyi çok severler. Genellikle insanları motive eden kişilerdir. Çünkü pozitif enerji yayarlar ve bulundukları ortama heyecan ve neşe katarlar. Yalnız sarıların bu durumu inişli ve çıkışlıdır. Parlak fikirleri vardır, bunları ortaya atarlar, fakat başladıkları işin devamını getirmezler. Bu yüzden onları motive etmek için işin eğlenceli ve rahat yönlerini göstermelisiniz. Sevildiklerini hissettiklerinde ve fark edilen popüler kişiler olduklarını gördükleri zaman çok iyi motive olurlar. Zaten iyimser ve girişken yapılıdırlar. Monotonluktan hoşlanmayan kişilerdir.

> *Sarıları motive etmek için işin eğlenceli ve rahat yönlerini göstermelisiniz. Sevildiklerini hissettiklerinde ve fark edilen popüler kişiler olduklarını gördükleri zaman çok iyi motive olurlar.*

Strese girdikleri zaman genellikle yemek yerler, alışverişe çıkarlar, eğlenceli ortamlar ararlar, kendilerini anlayacak birileriyle konuşmaya ihtiyaç duyarlar.

Bir sarıyı stresten kurtarmak için onu dinleyin ve onun içini dökmesini sağlayın; yanında olduğunuzu hissettirin, ona yeni umutlar verin. Başarabileceğine inandırın onu. Bu konuşmanın sonunda size eğlenceli hikayeler anlatmaya başladığını görürseniz de şaşırmayın!

Yaptıkları yanlıştan dolayı onları direkt olarak suçlamayın, kimseyle kıyaslamayın, baskı yapmayın. Aksi halde mücadele güçlerini kaybedebilirler.

Bu kitabın yazılmasında büyük emeği geçen sarı kişilikli asistanım, cıvıl cıvıl, hareketli bir genç kızdır. Babası albaylıktan emekli olmuş ve pek çok asker gibi kırmızı-mavi kişiliğin baskın olduğu bir yapıya sahip. Asistanım ailesi ile yaşadığı problemlerden dolayı bana gelmeden önce yedi tane psikiyatriste gitmiş ve ailecek bir sonuç alamamışlardı. Her ikisi de çok iyi niyetli olan bu baba kızın olaylara bakışı çok farklıydı. Baba mavi yönüyle kesin kurallara sahipken; kırmızı yönüyle de bu kuralların yapılmasında ısrar eden bir yapıdaydı. Koyu sarı kişilik özellikleri taşıyan asistanım ise kabına sığmayan, cıvıl cıvıl ama inandığı şeylerden asla taviz vermeyen bir yapıya sahipti. Aldığı ilaçlar onu daha kötü hale sokmuştu. Ama ne ilaçlar ne de gittiği yedi doktor onun babası ile olan iletişim çatışmalarını sona erdirebilmişti. Aslında her ikisi de çok iyi insanlardı. Sadece olaylara farklı açıdan bakıyorlardı.

Yaptığım çalışmalarda ikisinin ortak noktalarını bularak, iletişime bu noktalardan başlayıp devam etmelerini istedim. Bir yandan da NLP'nin tüm tekniklerini uygulayarak asitanımın panik atak problemini çözmeye çalışıyordum. Bir insanın sorunlarını çözmenin en önemli yollarından biri de o kişinin becerilerini keşfedip hedefler belirlemektir. Asistanım kolej mezunu, iki dil bilen, işletme bölümünü bitirmiş, kültürlü ve bilgili bir genç kızdı. Bu kitabı hazırlarken, sarı kişilikli bir asistana ihtiyacım olduğunu biliyordum, çünkü olaylara benim gibi bakan birine ihtiyacım vardı. Kendisine bu teklifi yaptığımda hem kendisi hem de babası çok sevinmişti. Çalışmalarımız ilerledikçe asistanımın kendine güveni artıyordu. Ayrıca babası kızının bir şeyler ürettiğini görüyor ve ona olan saygısı ve sevgisi çoğalıyordu. Siz bu kitabı okurken sarı asistanım ile kırmızı babası inşallah mutlu bir şekilde hayatlarına devam ediyor olacaklar.

Yeşiller

Yeşiller sorumluluk üstlenmekten ve risk almaktan hoşlanmayan kişilerdir. Kişilik grupları içinde en çok bu kişilerin motive edilmeye ihtiyacı vardır. Dış referanslı, itaatkâr ve sabırlıdırlar. Kimseyi kırmak istemezler. Sorun çıkartmadan ortak yönleri bulup uyum sağlayabilen kişilerdir. Bu yüzden onları motive etmek kolaydır. Çok enerji gerektirmeyen, gürültüsüz ve huzurlu işleri severler, hatta monoton işlerde çok başarılı olurlar; ancak kendilerinden çok şey beklendiğini hissettiklerinde bundan kaçmak isterler.

> *Çok enerji gerektirmeyen, gürültüsüz ve huzurlu işleri severler, hatta monoton işlerde çok başarılı olurlar; ancak kendilerinden çok şey beklendiğini hissettiklerinde bundan kaçmak isterler.*

Hayati kararlar almak zorunda olmaları onları strese sokabilir. İçten içe kendilerini problemlerden nasıl uzaklaştırabileceklerinin hesabını yaparlar. Bunu yaparken duygu ve düşüncelerini asla belli etmezler; içlerine attıkları şeylerden dolayı kolaylıkla depresyona girseler bile dışarıdan bunu hiç farkettirmeyebilirler.

Bu durumda onların değerlendirmelerine katılıp uyum sağlayın, haklı olduklarını söyleyin ve onlara iyi bir insan olduklarını ifade edin. Her zaman yanlarında olduğunuzu hissettirin ve bütün sorunları halledebilecekleri mesajını verin.

Strese girdiklerinde onlardan uzaklaşmayın, sorunlarını küçümsemeyin, bu durumdan hemen çıkmalarını beklemeyin. Onları heyecanlandırmayın ve hatta problemlerini beraber çözün. "Aman bunu da mı dert ettin ve yapamadın?" gibi kelimeler kullanmayın.

Seminerlerimden birine bir anne 30 yaşlarındaki Yasin adlı oğluyla gelmişti. Bu genç adamın durgun hali dikkatimi çekmişti. Seminere hiç katılmıyordu. Ve sanki kendi kendisine "Benim burada ne işim var?" sorusunu tekrarlıyordu. Kendisine dönerek "Sıkıntının farkındayım, ara verdiğimizde seninle konuşmak istiyorum." dedim. Arada kendisiyle konuştuğumuzda yeşil kişilikli biri olduğunu fark etmiştim. Evli ve bir çocuk babasıydı. Alkol sorunu vardı. Bu sorunu yüzünden kendisi ve ailesi çok acı çekiyordu. O günkü seminere annesinin zoruyla gelmişti. Kendisi yeşil olduğundan kendi kararını kendisinin almasını istedim ve iki gün sonrası için bir randevu verdim. Randevuya gelip gelmeyeceğini merak ediyordum. Randevuya tam vaktinde geldi ve çalışmaya başladık. Alkol almasının gerçek sebebini bulmamız gerekiyordu.

Hafif bir trans halinde bilinçaltına indiğimizde gerçek sebebi bulduk. Yasin kimseyi üzmemek için alkol alıyordu. Sorunun çözümüne bu yoldan gitmeliydik. Onun yanında olduğumu ve ona yardım etmek istediğimi söyleyerek önce ona uyum sağladım. Hayatın acımasızlığından bahsettim. Haklı olduğunu, ancak bunun çözümünün alkolle mümkün olmadığını ifade ettim. Eğer isterse eğitimlerimize katılabileceğini ve diğer arkadaşların da yardımıyla sorunun çözülebileceği yönünde telkinlerde bulundum. Yavaş yavaş iyileşmeler başlamıştı. Yasin, zaman içinde seminere katılan diğer kişilerle dost oldu. Yeni bir çevre edindi ve eski çevresinden kurtuldu. Çalışkan ve becerikli bir insandı. Aynı zamanda uyumlu bir yeşildi. Onunla birlikte çalışmayı teklif ettim ve kabul etti. O zamandan beri seminerlerimde kullandığım tüm dokümanların hazırlanması ve yerine ulaştırılması görevini başarıyla sürdürüyor. Kırmızı eşi Fatma ve çocuğu ile mutlu bir hayat yaşıyor.

VII. BÖLÜM

KİŞİLİKLERLE UYUMLAR

KİŞİLİKLERLE UYUMLAR

Hangi kişilik türünden olursanız olun her bir kişilikle uyum içinde yaşamanız mümkündür. Bu bölümde dört farklı kişilik ile uyum sağlamanın yollarını ele alacağız. Önemli olan hangi kişiliğe sahip olduğumuz değil, diğer kişilikteki insanları tanıyarak onlarla ne derecede uyum sağladığımızdır. Eğer herkesi kendiniz gibi görüp size davranılmasını istediğiniz gibi davranırsanız iletişimde başarılı olamazsınız. İletişimin altın anahtarlarından biri, karşınızdaki kişiye onun arzu ettiği gibi davranmaktır. Bu bölümde diğer kişilikteki kişilerle nasıl uyum sağlayabileceğiniz konusunda önemli ipuçları bulacaksınız. İyi bir iletişim ustası olmanın yolu, tüm bunları bilip davranışlarınızda bu ilkelere riayet etmektir.

Sarıların Diğerleriyle Uyumu

Sarının Sarıya Uyumu

- Bir başka sarıyla beraberken zamanı ve etraftaki diğer insanları unutacak derecede konuşmaya dalmayın.
- Aynı kişilikli biriyle iş yaparken daha ciddi olmanız ve ayrıntılara önem vermeniz, veriminizi artıracaktır.

- Arkadaşlarınızla birbirinizi motive ettiğiniz sürece ortamdaki neşe hiç kaybolmaz.

- Konuşurken yüksek seslerinizin kaos yaratmaması için daha fazla dinlemeyi ve daha az konuşmayı tercih edin.

Sarının Maviye Uyumu

- Mavilerin yanında daha düzenli ve resmî olmanız gerekebilir.

- Biraz daha ciddi olun. El kol hareketleri yapmayın. Onların sizi "çok rahat" görmesine sebep olacak tavırlardan kaçının.

- Yaptığınız işin kalitesine önem verin. Mavilerin her şeyin en iyisini hedefleyen, mükemmeliyetçi kişiler olduklarını hatırınızdan çıkarmayın.
- Fazla ayrıntı dinlemeye kendinizi hazırlayın ve sabırlı olun.
- Mavilerin zor zamanlarında yapabileceğiniz en iyi yardımın, onları yalnız bırakmak ve sessizliği bozmamak olduğunu unutmayın.

Sarının Kırmızıya Uyumu

- Kırmızıların yanında şaka konusunda ölçülü olun. Konuyu dağıtmayın ve konuşurken onlara sonucu vermeniz gerektiğini unutmayın.
- Rahat tavırlarınıza dikkat edin. Unutmayın ki kırmızılar "Benim istediğim gibi ve çabuk olsun" diyen tiplerdir. Zamanlama konusuna özen gösterin.
- Jest ve mimiklerinizi azaltın, onlara dokunmadan ve mesafeli olarak konuşun.
- Sizin gibi girişken yapılı bir kırmızı ile konuşurken iki tarafın da hızlı olması sorun olabilir. Bu durumda üslubunuzu yumuşatın.
- Karşılarında kararsız bir yapı sergilemeyin. Belirsiz ifadelerden kaçının.

Kırmızıların yanında şaka konusunda ölçülü olun.

Sarının Yeşile Uyumu

- Yeşilleri kendiniz gibi enerjik zannederek hareketli hayata zorlamayın.
- Onların ince ve düşündüren esprileri sevdiğini unutmayıp bu tür espriler yapmaya çalışın.
- Sizi sabırla dinleseler de sıkılabileceklerini unutmayın.
- Konuşmanızı yavaşlatarak ses tonunuzu düşünün. Sözlerini kesmeyin.
- Söylediklerini dinlediğinizi ve anladığınızı hissettirin, dikkatinizi konuşmalarına yoğunlaştırın.
- Yeşiller sizin gibi onay ve motivasyon beklerler. Onları motive etmeniz iletişiminizi daha da güçlendirecektir.

Mavilerin Diğerleriyle Uyumu

Mavinin Sarıya Uyumu

- Onay ve takdir sözcüklerini siz fazla kullanmasanız da sarıların bu sözcükleri duymaya ihtiyacı olduğunu aklınızda tutun.
- Onları olduğu gibi kabul etmeye ve kurallarınızda esnek olmaya çalışın.
- Program yapmadan sık sık arayın. Planların sarılar için yük olduğunu unutmayın.
- Düşük tempodan çok çabuk sıkılan bu kişilerle yürürken daha hızlı yürüyün, konuşurken daha hızlı konuşun.
- Açıklamalarınızı azaltmaya, daha çabuk karar vermeye ve çabuk uygulamaya gayret edin.

- Göz temasınızı ve ses tonunuzu artırın, daha vurgulu jestler kullanın. Böylelikle daha enerjik bir yapı sergilersiniz.

Mavinin Maviye Uyumu

- Kurallarınızı artırmayın, azaltın. Aksi halde ortak çevrenize, aşılamayacak türden yüksek duvarlar örmüş olursunuz.
- Karar almanın daha da güçleşmemesi için kararsız yapıdaki mavilerden biri daha kararlı olmalıdır.
- Ayrıntılara düşkün olan mavilerden biri bu ayrıntıları azaltmaya yönelmelidir.
- Hassas ve alıngan yapıdaki bu kişiliğe sahip olanlar birbirlerinin bu yönünü hatırlayarak eleştirilerine dikkat etmeli ve karşılarındakine destek olmalılar.

Mavinin Kırmızıya Uyumu

- Kırmızıların sonuç odaklı olduğunu unutmayın. Onlardan detaylı bilgi istemeyin. Yani detay ve uzatmalara fazla takılmayın.
- Bu kişilerin geçici patlamalarının normal olduğunu bilin ve bu davranışlarının altındaki iyi niyeti görmeye çalışın.
- Sunum yaparken, genel başlıkları sıralayarak mümkün olduğunca seri olun ve ânında cevap vermeye hazır bulunun. Onların "vakit nakittir" dediğini unutmayın.
- Dolaylı konuşmalardan kaçının, açık ve net ifadeler kullanın.
- Mesajlarına ve taleplerine cevap vermekte gecikmeyin.

Mavinin Yeşile Uyumu

• Yeşillere kendilerini aşacak sorumluluk verilmemesi gerektiğini unutmayın.

> *Bu kişilerin geçici patlamalarının normal olduğunu bilin ve bu davranışlarının altındaki iyi niyeti görmeye çalışın.*

• Aşırı planlı ve programlı çalışmalarını beklemeyin.

• Bir an evvel işlerini bitirip dinlenmek istediklerini unutmayın ve lütfen onlara karşı anlayışlı olun. Her şeye titizlenmeniz onları yıpratabilir.

• Onlara mesafe koymadan duygularınızı açmayı, dertlerinizi paylaşmayı deneyin. Bu onları mutlu edecektir.

• Aşırı düzeydeki bir mantık anlayışıyla onları sıkmayın ve üst üste sebepler sıralayarak onları bunaltmayın.

Kırmızıların Diğerleriyle Uyumu

Kırmızının Sarıya Uyumu

• Karşınızdaki sarıları fazla eleştirmeyin. Çünkü genellikle onlar hızlı hareket eden ve bu nedenle de bazen yanlışlıklar yapabilen tiplerdir.

• Yanlış yaptıklarını düşündüğünüz zaman çok sinirlenseniz bile sakin olmaya çalışın, panik olmasınlar.

• Onlarla ilgilendiğinizi hissettirin, çünkü buna ihtiyaç duyarlar.

- Öfkeliyken söylediklerini hemen dikkate alarak karar vermeyin, çünkü böyle anlardaki ifadeleri asıl düşüncelerini yansıtmayabilir.
- Konuşmayı çok sevdikleri ve anlatacakları çok şeyleri olduğu için onlara zaman tanıyın.
- Konuşurken düşündükleri için çelişkili ifadeler kullanmalarını hoş görün ve nazik bir dille bunu ifade edin.

Kırmızının Maviye Uyumu

- Mavilerle olan ilişkilerinizde çok dikkatli olun. Her ne kadar sonuç odaklı olsanız da onların size sunduğu detaylara dikkat edin. Çünkü onlar için detaylar çok önemlidir.
- Hassas ve alıngan olduklarını unutmayın. Bu yüzden onlara biraz daha nazik ve yumuşak davranın. Unutmayın, onlar sizin gibi değil; içlerine kapanık tiplerdir.

> *Kendi görüşlerinizi kabul ettirmeye çalışmanız, zaten sessiz olan mavileri daha fazla içlerine kapanmaya itebilir.*

- Hızınızı ve ses tonunuzu azaltarak onları daha iyi dinlemeye çalışın ve sözlerini kesmeden ciddi, mesafeli davranın.
- Kendi görüşlerinizi kabul ettirmeye çalışmanız, zaten sessiz olan mavileri daha fazla içlerine kapanmaya itebilir. Onları daha iyi dinleyin ve daha az ısrarcı konuşun.

Kırmızının Kırmızıya Uyumu

- Diğer bir kırmızıyla iletişiminizde esnek olmanız çok önemlidir. Böylelikle diyalogunuzu olgun kişiler olarak sürdürebilirsiniz.

- Girişken tavrınızı azaltarak güç mücadelesine girmekten kaçının.
- Üslubunuzu yumuşatmayı deneyin. Unutmayın ki karşınızdaki de sizin gibi lider ruhlu biridir.
- Aranızda işbölümü yapmanız, aynı konu üzerinde çatışmaya girmenizi engelleyecektir.

Kırmızının Yeşile Uyumu

- Yeşillerle, onları strese sokmadan ve yapabilirseniz emir kipi kullanmadan diyalog kurmaya çalışın.
- Onları iş konusunda çok zorlamayın. Unutmayın ki böyle yaparak onları bir cendereye sokmuş olursunuz.
- Samimi ve sıcak temas kurarak hislerinizi paylaşın.
- Konuşma hızınıza ayak uydurmaları biraz zor olabileceğinden temponuzu azaltın. Düşük hızlarına sabredin ve sözlerini siz tamamlamaya çalışmayın.
- Göz temasınızı ve jestlerinizi azaltmaya çalışın.

Yeşillerin Diğerleriyle Uyumu

Yeşilin Sarıya Uyumu

- Sarılara arzularınızı, nelerden hoşlanıp nelerden hoşlanmadığınızı aktarın. Onlarla olan iletişiminizde net ifadeler kullanın. Belirli bir konuya odaklanmalarına yardımcı olun.
- Sarıların hızı sizi yormasın, sizin hızınız da onları sıkacak kadar düşük olmasın.

- Farklı bakış açılarınızı onlara savunun, fikirlerinizi öne sürün.
- Gerçekçi olmayan hayallerine kapılmayın ve hemen evet demeyin.

Yeşilin Maviye Uyumu

- Mavilerin planlı, programlı tarafına uymaya çalışın. Plansız işleri onlara sunmaktan kaçının.

- İletişiminizde mesafeli ve ciddi olun, duygularınızı çok fazla yansıtmayın. Mantık çerçevesinden çıkmayın.
- Ayrıntılara inmeye çalışın. Bu size enerji harcatsa da güzel sonuçlar alacağınızı unutmayın.

> *İşleri zamanında bitirmeye ve ertelememeye özen gösterin. Mavilerin zaman konusundaki hassasiyetini unutmayın.*

- Düzenli, tertipli yaşayışlarına ayak uydurmanız mavileri size yaklaştıracaktır.

Yeşilin Kırmızıya Uyumu

- Çift taraflı iletişimde ısrar edin. Daha girişken olmaya gayret edin.

- Gerektiğinde hayır diyebilmeli ve kendinizden ödün vermemelisiniz.
- İşleri zamanında bitirmeye ve ertelememeye özen gösterin. Kırmızıların zaman konusundaki hassasiyetini unutmayın.
- Karar almada çabuk davranın, kararsız bir tutum sergilemeyin.

Yeşilin Yeşile Uyumu

- Her iki tarafın da karar almaya çalışması gerekir. Aksi halde sonuca hiçbir zaman varamayabilirler.
- Yeşillerden birinin daha girişken, daha tempolu olması, iletişime hareket kazandıracaktır.
- Karşılıklı motivasyonlarla daha yakın bir diyalog kurabilirsiniz. Sizin gibi yeşil olan arkadaşınız da motive edilmek ister.
- Duygularınızı biraz daha belli ederek birbirinizi anlamaya çalışın. Duygularınızı ifade etmemeniz, yanlış anlaşılmanıza neden olabilir.

VIII. BÖLÜM

FARKLI KİŞİLİKLERE TAVSİYELER VE ETKİLİ İLETİŞİM METOTLARI

FARKLI KİŞİLİKLERE TAVSİYELER VE ETKİLİ İLETİŞİM METOTLARI

Yıllardır yaptığım danışmanlıklarda insanların en çok iki konuda hata yaptıklarını gördüm. Bunlardan biri insanların hata yapan kişiyi acımasızca eleştirmeleri, diğeri ise karşı tarafın neler hissettiğini anlayamamak şeklinde bir tavır sergilemeleriydi. Bu bölümde sizlere Sandviç Metodu adlı mükemmel bir eleştiri tekniği ile Üç Sandalye Metodu adlı bir empati tekniğinden bahsedeceğim. Ayrıca dört farklı kişilik için bu metotlar ışığında önemli iletişim tavsiyelerinde bulunacağım. Teknikleri öğrenip tavsiyelere uyduğunuzda hayatınızda çok şeyin değişeceğini siz de farkedeceksiniz.

> *Eleştiriden maksat; kişiyi incitmeden yaptığı hatalı davranışı ona anlatmak ve bir daha yapmamasını sağlamak olmalıdır.*

Sandviç Metodu

Hangi kişilik türünde olurlarsa olsunlar insanlar hata yaptıklarında onları eleştirme eğilimi hepimizde vardır. Ancak önemli olan, eleştiriden ziyade bu eleştiriyi nasıl yaptığımızdır. Eleştiriden maksat; kişiyi incitmeden yaptığı hatalı davranışı ona anlatmak ve bir daha yapmamasını sağlamak olmalıdır. Bu eleştiriyi Sandviç Metodu dediğimiz şekilde yaparsak karşımızdaki kişiyi kırmadan, onun hatasını düzeltmesini sağlarız.

Sandviçin bir üst kısmı, bir katık bölümü, bir de alt kısmı vardır. Bu metod, eleştiriye uyarlanırken önce eleştireceğimiz kişiyle uyum sağlanır, sonra kişinin neleri iyi yaptığından ya da o kişiye karşı hissettiğimiz güzel duygulardan başlarız.

1. Bir iş yapılmışsa o işin az ya da çok iyi yapılmış yönleri mutlaka vardır. Bunlar eleştirinin başında iyi özellikler olarak dile getirilir.

Kişiyle uyum sağlayarak nelerin iyi yapıldığından ve o kişiyle ilgili güzel duygulardan bahsettiğimizde o kişide mutlaka olumlu duygular oluşacaktır.

2. Artık sıra sandviçin katığına, yani nelerin daha iyi yapılması gerektiğine gelmiştir. Burada yapılacak şey de çok dikkatli bir şekilde davranışın hatalı yönlerini kişiye anlatmaktır.

İyi yönünü vurguladığınız kısım yani birinci bölüm bitip de ikinci kısma geçilirken dikkat edilmesi gereken en önemli şey "ama" ya da "fakat" kelimeleriyle söze başlamamaktır. Zira bir Amerikan atasözü şöyle der: "Bir cümlenin ortasında 'ama' ya da 'fakat' varsa o cümlenin baş tarafına pek önem vermeyin."

"Ama ve fakat" sız başladığınız ikinci bölümde sadece ve sadece davranışı veya yapılan işi eleştirin, kişinin kimliğine asla dokunmayın. Örneğin "beceriksizce davranmak" sadece eleştirdiğiniz o olayla ilgiliyken "beceriksiz" kelimesi kimliğe dokunan olumsuz bir sıfattır.

3. Son derece dikkatli bir şekilde eleştirimizi bitirdiğimizde artık üçüncü bölüme yani sandviçin en alt kısmına geçebiliriz. Bu bölümde yapacağımız tek şey olumlu bir yorumla eleştirimizi bitirmektir.

Şimdi bu metodu, danışmanlığını yaptığım sarı bir bayanla mavi eşine nasıl uyguladığımı gösteren bir örneği sizlerle paylaşmak istiyorum:

Levent Bey mavi kişilikli, öğrenmeyi çok seven, her şeyin kusursuz olmasını isteyen bir kişi. Eşi Gülsen Hanım ise hayat dolu, cıvıl cıvıl, sarı kişilikli bir bayan. Levent Bey eşini zorlayarak seminerime getirmiş. Daha sonraları Gülsen Hanım kendi isteği ile seminerlerimi takip etmeye başladı.

Levent Bey'e uyguladığımız Sandviç Metodu şöyleydi:

"Levent Bey siz her şeyin en güzelini arzulayan, hayatın ciddi yönlerini algılayabilen, öğrenmeyi ve öğretmeyi çok seven, ayrıca öğrendiğiniz her şeyi çevrenizdeki insanlarla paylaşan kültürlü ve bilgili bir insansınız. Siz bir şeyler öğrenirken sevdiğiniz insanların da bir şeyler öğrenmesine gayret ediyorsunuz. Bu seminere gelirken de eşinizi seminere katılması için ikna etmeye çalışmanız, beraber öğrenmek ve öğrendiğiniz bilgileri paylaşmak istemeniz çok güzel bir yaklaşım. Kişilik olarak mükemmeliyetçi ve her şeyin kusursuz olmasını isteyen bir yapıya sahipsiniz. Son derece iyi, hayat dolu ve her girdiği ortama neşe saçan bir eşiniz var. İkiniz birbirinizi çok güzel tamamlıyorsunuz. Eşiniz de bu seminerden en az sizin kadar lezzet aldı.

Bunun yanında eşinizin sizden çok farklı bir kişiliğe sahip olduğunu, olaylara bakış açısının sizden farklı olduğunu ve hiç kimsenin kusursuz olamayacağını düşünerek onu olduğu gibi kabul ederseniz ilişkiniz çok daha güzel olur. Ayrıca herhangi bir seminere giderken ya da bir ortamda onunla birlikte olmak isterken bunu onun rızasını alarak yaparsanız paylaşacağınız şeylerin sayısı artar. Unutmayın ki hayatta iki şey paylaşıldıkça çoğalır: Bilgi ve sevgi.

Bu seminerde eşinize olan sevginizi yakından gördüm ve çok takdir ettim. Bundan sonra böyle ortamlarda bilgiyi paylaşırken sevgiyi de paylaşacağınıza inanıyor ve size mutluluklar diliyorum."

Aynı olayın diğer tarafındaki Gülsen Hanım'a uyguladığımız Sandviç Metodu ise şöyleydi:

"Gülsen Hanım siz, neşeli, heyecanlı, insanlarla çok kısa sürede iyi ilişkiler kuran, hayat dolu birisiniz. Çocuklarınıza olan yaklaşımınız çok sevecen ve sevgi dolu, çok iyi bir annesiniz. Hayatın eğlenceli yanlarını görmeniz ve bunu diğer insanlarla paylaşmanız gerçekten çok güzel. Eşinizin ciddi, ağırbaşlı ve mükemmeliyetçi yanlarıyla sizin eğlenceyi seven ve insanları neşelendiren yönleriniz birleştiğinde tam anlamıyla birbirinizi tamamlıyorsunuz. Ben sizi bir elmanın iki yarısı gibi görüyorum ve esnek bir evliliğinizin olduğunu düşünüyorum.

Eğer eşinizin öğrenmeye karşı olan tutkusunu göz önüne alarak sizi eğitim seminerlerine götürmesinin ya da sizinle birlikte bir şeyler öğrenmek istemesinin asil bir davranış olduğunun farkına varır, bu konuda onunla birlikte hareket ederseniz iletişiminizi güçlendirmiş olursunuz.

Levent Bey'in bu konudaki hassasiyetine biraz daha özen gösterirseniz, çevrenizdeki insanların örnek alacağı bir çift olursunuz. Farklı kişilik yapılarıyla siz birbirinizi tamamlayan insanlarsınız. Bundan sonra bilgiyi paylaşarak sevginizi arttıracağınıza inanıyor ve size bundan sonraki hayatınızda mutluluklar diliyorum."

> *Eğer olaylara sadece kendi bakış açımızla bakarsak, insanların sadece % 25'ini anlayabiliriz. % 75'ini anlama şansını kaçırırız.*

Üç Sandalye Metodu

İnsanlar farklı kişiliklerin özelliklerini ve davranış biçimlerini bilmediklerinde veya karşı tarafı anlayamadıklarında aralarında iletişim çatışmaları meydana gelir. Bunun sonunda istenmeyen olaylar yaşanabilir. Aslında bütün çatışmaların temelinde insanların birbirlerini anlayamamaları vardır. Eğer olaylara sadece kendi bakış açımızla bakarsak, insanların sadece % 25'ini anlayabiliriz. % 75'ini anlama şansını kaçırırız. Yani aslında hepimiz azınlıktayız. Olaylara üç ayrı bakış açısı ile baktığımızda bu iletişim çatışmalarını ortadan kaldırabiliriz.

Tekniğin Uygulanması

Bu metodu uygulamak için önce üç sandalyenin ikisini karşılıklı koyduktan sonra, ikisinin ortasına üçüncü sandalyeyi şekilde görüldüğü gibi yerleştiriyoruz:

1. Önce bir numaralı kendi sandalyemize oturarak karşımızdaki kişiye kendi bakış açımızla bakarız. Bu bizim sürekli kullandığımız bir bakış açısı olduğundan kısa sürede gereken ruh haline gireriz.

2. Bu sandalye karşımızdaki kişiye aittir. 2 numaralı sandalyeye oturduğumuzda olaylara ve kendimize; kendimizi karşımızdaki kişinin yerine koyarak bakarız. Bu, empatik bir bakış açısıdır ve karşımızdaki kişinin ruh halini anlamamıza yardımcı olur.

3. Ortadaki sandalye ise tanık sandalyesidir ve ilişkiye objektif olarak bakmamızı sağlar.

Tanık sandalyesine oturduktan sonra önce karşımızdaki kişinin oturduğu 2 numaralı sandalyeye dönerek ona birtakım önerilerde bulunur, sonra 1 numaralı sandalyede oturan kendimize dönerek yapmamız gerekenleri söyleriz.

Çalışma bittiğinde tekrar 1 numaralı sandalyeye oturarak karşımızdaki kişiye baktığımızda bakış açımızdaki önemli değişiklikleri ve esnekliği rahatça fark edebiliriz.

Sarı asistanım Tuğçe ile yaptığım danışmanlık sırasında babası ile iletişimini daha iyi bir hale getirmek için 3 Sandalye Metodunu da uyguladık. Bunu yaparken kendisinin bakış açısını adım adım değiştirmeyi amaçlıyordum.

Tekniğe göre ilk olarak kendi sandalyesine oturduğunda Tuğçe'nin yaşadıklarına tamamen "kendi bakış açısı" ile bakmasını istedim. Bu, zaten onun yaptığı bir şeydi ve kendisini buna çok kolay adapte etmişti. Bu aşamada iken, bazen babasının kendisini anlamadığını ifade etti. Kendini çok zor durumda hissediyordu.

Daha sonra kendisinden ikinci sandalyeye geçmesini istedim. Burası onun için zor bir yerdi. Çünkü olaylara "babasının bakış açısı" ile bakması gerekiyordu. Biraz zorlandıktan sonra "empatik bakış açısını" yakaladı ve aslında babasının yaptıklarının kendisini koruma amaçlı olduğunu da anladı. Hatta burada babasının kendisini çok sevdiğini hissetti ve duygulandı. Ayrıca babası ile yaşadığı iletişim çatışmaları film şeridi gibi gözünün önünden geçti ve her olayda babasını haklı gösterecek bir taraf buldu.

Sonunda, kendisinden üçüncü sandalyeye geçmesini istedim. Burası tarafsız bir sandalye idi. Objektif bir bakış açısını gerektiriyordu. Olayın içinden sıyrılıp üçüncü bir kişi gözüyle olaylara bakmasını istedim. Tuğçe buraya oturunca babası ile arasındaki sorunların sadece bir iletişim çatışması olduğunu anladı. Yani babası onu sevdiği gibi, o da babasını seviyordu. Çözüm ise iletişimlerinde "esnek" bir tavır sergilemelerinden geçiyordu.

Son olarak Tuğçe tekrar birinci sandalyeye oturarak ikinci sandalyede oturduğunu hayal ettiği babasına baktığında babasına karşı hissettikleri eskisinden daha farklıydı. Tuğçe orada otururken babasıyla ilişkileri konusunda hayati kararlar aldı.

Ben bir yandan Tuğçe'ye eğitim verirken, bir yandan da babası ile sıkı bir iletişim kurmuştum. Bu iletişim tam anlamıyla bir uyum ve ahenk içindeydi. Tuğçe'ye bu teknikleri uyguladıktan sonra, kendisinden bunu evde babası ile uygulamasını istedim.

Babası kendi deyimiyle "3 Koltuk Tekniği" adı altında bunu kızı ile uyguladı ve sonuç çok güzel oldu. Baba kızını daha iyi anlamış, kızı da babasının davranışlarının sebeplerini çözmeye başlamıştı. Daha sonra da bu kişiliklerle ilgili bilgileri alınca Tuğçe artık babasının kırmızı ve mavi kişilikli yönlerini fark etmiş ve NLP'nin "Her davranışın altında olumlu bir niyet vardır." ilkesine göre babasının davranışlarının ardındaki güzellikleri görmeye başlamıştı. Bütün bunlardan sonra Timur Bey ile kızının iletişimi düzeldi ve benim de Timur Bey ile kardeş gibi bir diyalogum oldu.

Farklı Kişiliklere Öneriler

Şimdiye kadar anlattıklarımızla artık hangi kişilik özelliklerine sahip olduğunuzu, diğer kişilik türlerindeki insanların özelliklerini, onlarla nasıl uyum sağlayacağınızı anlamış olmalısınız. Son olarak her kişilik türü için hayati önem taşıyan tavsiyeler bulacaksınız. Bu tavsiyeleri hayatınızda uyguladığınızda kendinizde çok şeyin olumlu yönde değiştiğini göreceksiniz.

Sarılara Tavsiyeler

1. Aldığınız emanetlere dikkat edin. Aldığınız emaneti zamanında ve kırıp dökmeden geri verin.

2. Az konuşup çok dinleyin. Bir ağzınız ve iki kulağınız olduğunu unutmayın.

3. Asla ertelemeyin, üşenmeyin, vazgeçmeyin. Bu sözleri büyük bir kartona yazın ve duvarınıza asın.

4. Karşınızdaki kişinin beden diline dikkat edin. Karşınızdaki kişinin sizi dinlemekten yorulduğunu anlama becerinizi geliştirin.

5. İçinizdeki çocuğu canlı tutun ama her yerde ortaya çıkarmayın. Çocukluktan ve saflıktan kurtulun.

6. Daha düzenli olun. Çok düzenli olamasanız bile eskisinden daha düzenli olun.

7. İnsanların sözlerini kesmeyin. Başkaları bir şey anlatırken kendi anlatacaklarınızı düşünmek yerine onların anlattıklarına kulak verin.

8. Arkadaşlarınızı hatırlayın. Arayacaklarınızın bir listesini yapın ve listeyi kaybetmeden onları arayın.

9. Ajanda kullanın. Her türlü işi ve randevularınızı yazabileceğiniz bir ajanda kullanın ama sakın kaybetmeyin.

10. İnsanların isimlerini ya da gittiğiniz yeri tekrar hatırlamak için hafıza tekniklerini öğrenin.

11. Pireyi deve yapmayın.

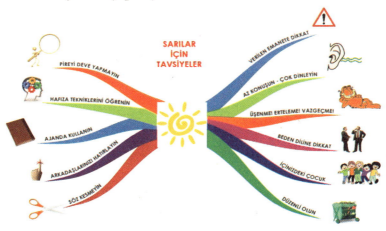

Mavilere Tavsiyeler

1. İyi bir şey yaptıklarında insanları takdir edin. Başkaları bir şeyi sizin kadar mükemmel yapmasalar da çabalarını düşünün ve onları takdir edin.

2. Ayrıntıları hesaplarken bütünü kaçırmayın. Elinizdeki işi nasıl yapacağınızı düşünürken, niçin yaptığınızı da unutmayın.

3. Her zaman en iyi olmaya çalışmayın. İyi olmanız zaten yeterlidir.

4. Korkularınızdan oluşan kurtları, zorlu ve karlı yollarda seyahat edebileceğiniz kızak köpekleri haline getirin.

5. Kendinize güvenin ve potansiyelinizin farkında olun. Maviyseniz doğal bir planlama ve programlama beceriniz zaten vardır.

6. Kendinizi fazla eleştirmeyin. İç konuşmalarınıza dikkat edin; kendinizi değil, sadece davranışınızı eleştirin.

7. Hayatın olumlu yönlerini görmeye çalışın. Üzerinde siyah bir nokta bulunan sayfanın, kocaman beyaz kısmını da görmeye çalışın.

8. Etrafınızdaki kişilerin işleri iyi ya da kötü yapmalarına izin verin, her iş size kalmasın.

9. Keder kuşlarını kovamazsanız da onların başınıza yuva yapmalarına izin vermeyin.

10. Küçük şeyleri dert etmeyin, aslında üzüldüğünüz şeylerin hepsi küçük şeylerdir.

Kırmızılara Tavsiyeler

1. Hatasız kul olmayacağını kabul edin ve esnek olun. Hatasız insanların, Superman gibi ancak film kahramanı olduğunu unutmayın.

2. Herkesin zayıf bir yanı olduğunu kabul edin. İnsanların zayıf yanlarının üzerine gitmek yerine, bu yanlarını güçlendirmeleri için onlara yardım edin.

3 Başkalarının da "haklı" olabileceğini kabul edin. Bir çatışma sırasında kendinizi biraz da karşınızdakinin yerine koyun.

4. Hiçbir münakaşanın kazanılamayacağını bilin.

5. Emir kipi kullanmayın. İnsanların kalplerini onları zorlayarak değil onlarla iletişim kurarak kazanabileceğinizi unutmayın.

6. Olur olmaz her şeye karışmayın.

7. Sabırlı olmayı öğrenin. En güzel yemeğin kısık ateşte piştiğini bilin.

8. İnsanları kullanmayın. Başkalarının aleyhine, sizin lehinize olan işbirliklerinden kaçının.

9. Sizin gibi olmayanları sizden aşağı görmeyin.

10. Her zaman lider olamayacağınızı kabul edin. Birilerine liderlik ederken, birilerinden de liderlik öğrenmeye çalışın.

11. İnsanlar bir işi istediğiniz gibi yapmadığında, onları fazla zorlamayın.

Yeşillere Tavsiyeler

1. Başkalarının sessizliğinizden ve sakinliğinizden istifade etmelerine müsaade etmeyin.

2. Her şeye "evet" derseniz "evet' lerinizin kıymeti kalmaz. "Hayır" demeyi de öğrenin.

3. En kötü kararın bile kararsızlıktan iyi olduğunu bilin.

4. İnsanlara duygularınızı açmayı öğrenin. Ancak bu sayede sorunlarınıza çözüm bulabilirsiniz.

5. Kendi kendinizi motive etmeyi öğrenin, her şeyi başkalarından beklemeyin. Sizi motive etmesi için mutlaka birilerini beklemeyin.

6. Tembelliği bırakın ve işlerinizi yarına ertelemeyin. İşlerinizi ertelediğiniz günün de bir gün geleceğini unutmayın.

7. En azından sizi ilgilendiren konularda sorumluluk almayı deneyin.

8. Yeni bir şeyler deneyin, hayatınızda güzel değişimler yapın. Hayatınızda her gün küçük ve güzel değişiklikler yapın.

9. İşe giderken olmasa bile seyahate veya gezmeye giderken biraz heyecanlanmaya çalışın.

10. Daha enerjik olmaya çalışın. Enerji içecekleri özellikle yeşiller için üretilmiştir.

SON SÖZ

İnsan hayatı toprak, su, ateş ve hava karışımıdır. Anlattığımız 4 farklı kişilik aslında bu 4 elementte gizlidir. Önemli olan bu 4 elementin ortaya çıkardığı özelliklerimizi insanların yararına kullanmaktır. Unutmamamız gereken, bu dört farklı kişilik yapısının her insanda olduğudur. Önemli olan da kişinin kendi baskın kişiliğini tanıması, eksik ve güçlü yönlerini bilerek hareket etmesidir. Bu kitabın kendi kişiliğinizi tanımak konusunda size rehber olacağı kanaatindeyim. Kişilik özelliklerimizin güzel yönlerini ortaya çıkarıp bunu insanlarla paylaşmamızı dilerken kitabımı şu satırlarla bitiriyorum.

Toprak olup insanlara faydalı olalım,
Su olup kurak topraklara hayat verelim,
Ateş olup insanlara ışık ve ısı saçalım,
Hava olup oksijensiz kalanlara nefes verelim.

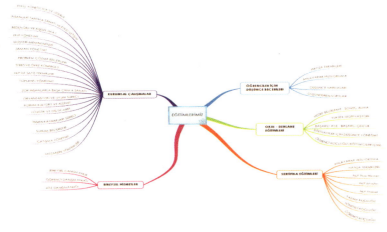

Sevgili Okuyucular;

Sorularınızı, önerilerinizi, kitap hakkında değerlendirmelerinizi ve kişisel deneyimlerinizi aşağıdaki adrese yazabilirsiniz.

Her zaman daha iyilere...

E-mail: bilgi @sayginsaygin.com.tr

Web: www. sayginsaygin.com.tr

KAYNAKÇA

Florence Littauer, *Kişiliğinizi Tanıyın*, Çevirmen: Demet Dizman, Sistem Yayıncılık, İstanbul 1995.

Florence Littauer, *Çift Bulmacası*, Çevirmen: Elvan Kandemir, Sistem Yayıncılık, İstanbul 2004.

Florence Littauer, *Kişilik Bulmacası*, Sistem Yayıncılık, İstanbul 2003.

Robert Bolton ve Dorothy Grover Bolton, *İş Hayatında İnsan Üslupları*.

Nil Gün, *Karakterlerimiz*, Kuraldışı Yayıncılık, İstanbul 2003.

Anthony Robbins, *Sınırsız Güç*, İnkılap Yayıncılık, İstanbul 1993.

Sefa Saygılı, *Gerçeği Arayanlar*, Elit Yayınları, İstanbul 2003.

Mümin Sekman, *Türk Usulü Başarı*, Alfa Yayınları, İstanbul 2001.

Ned Herrmann, *İş Yaşamında Bütünsel Beyin*, çeviri: Mehmet Zaman, Hayat Yayınları, İstanbul 2003.

Zülfikar Özkan, *NLP İlkeleriyle Aile İçi İletişim*, Hayat Yayınları, İstanbul 2004.

Zülfikar Özkan, *Aile İçi Sorunlara NLP ile Etkili Çözüm*, Hayat Yayınları, İstanbul 2004.